Barbara Kückelmann

Höre!

Barbara Kückelmann

Höre!

Predigten am Radio

Fromm Verlag

Impressum / Imprint
Bibliografische Information der Deutschen Nationalbibliothek: Die Deutsche Nationalbibliothek verzeichnet diese Publikation in der Deutschen Nationalbibliografie; detaillierte bibliografische Daten sind im Internet über http://dnb.d-nb.de abrufbar.

Bibliographic information published by the Deutsche Nationalbibliothek: The Deutsche Nationalbibliothek lists this publication in the Deutsche Nationalbibliografie; detailed bibliographic data are available in the Internet at http://dnb.d-nb.de.

Verlag / Publisher:
Fromm Verlag
ist ein Imprint der / is a trademark of
OmniScriptum GmbH & Co. KG
Heinrich-Böcking-Str. 6-8, 66121 Saarbrücken, Deutschland / Germany
Email: info@frommverlag.de

Herstellung: siehe letzte Seite /
Printed at: see last page
ISBN: 978-3-8416-0515-3

Vorwort

Die vorliegende Sammlung enthält Predigten, die als Radiopredigten konzipiert und an Sonntagvormittagen auf Schweizer Radio DRS II (in den Jahren 2004 bis 2006) respektive auf Radio SRF 2 Kultur und Radio Musikwelle (2013 und 2014) ausgestrahlt wurden. Die Predigten sind in der Schweiz für ein Schweizer Publikum konzipiert worden. Das zeigt sich in der einen oder anderen sprachlichen Wendung, deutlicher in einzelnen Bezügen zu (tages-)aktuellen Ereignissen.

Für die vorliegende Ausgabe sind die Radiopredigten nicht überarbeitet worden. In der Regel orientieren sie sich an der Leseordnung der röm.-kath. Kirche. Auf www.radiopredigt.ch können sie auch gehört werden, ebenso können sie dort als Podcast abonniert werden.

Die Radiopredigt lebt vom gesprochenen Wort in einem nicht-liturgischen Kontext. Während im Gottesdienst der Bibeltext noch im Ohr der Hörenden ist, wenn die Predigt beginnt, muss die Radiopredigt zunächst einen Weg zur biblischen Botschaft eröffnen. Zudem kennt die Predigerin ihre Zuhörenden nicht – einige schalten zwar bewusst die Radiopredigt ein, viele sind jedoch eher zufällig am Sender, etwa weil sie nach der vorangegangenen Sendung mit klassischer Musik noch nicht weggeschaltet haben. Einige sind vielleicht gerade beim Frühstück, andere lassen das Autoradio während der Fahrt laufen. Viele sind möglicherweise wenig gottesdienstgewohnt. Sie alle will die Predigerin gewinnen dranzubleiben und eben nicht wegzuschalten.

Als Radiopredigerin tätig sein zu dürfen, empfinde ich als grosses Privileg. Der oben angedeutete Kontext fordert mich als Theologin in besonderer Weise heraus, biblische Rede immer wieder so zu übersetzen, dass Menschen dranbleiben, und das nicht nur am Sender, dass sie hellhörig werden und sich hineinnehmen lassen in einen Gedankengang, dass sie – im besten Fall – einen Impuls für ihren Alltag erhalten.

Durch die vorliegende Publikation werden die Predigten noch einmal einen anderen Adressaten- und Adressatinnenkreis erreichen. Dass sie dazu anregen mögen, sich mit einem biblischen Gedanken auseinanderzusetzen und in ihm auch etwas Überraschendes zu entdecken, ist mein Wunsch für meine Leserinnen und Leser.

Bern, im August 2014

Barbara Kückelmann

Inhaltsverzeichnis

Hauptrolle für Josef: Weihnachten aus der Perspektive des Matthäus

Gedanken zu Mt 1, 18-24[1]

Einen guten Morgen wünsche ich Ihnen, liebe Zuhörerinnen und liebe Zuhörer, heute am vierten Adventssonntag. Sehr bald schon ist Weihnachten. Ein Fest, mit dem wir so Vieles verbinden. Alles Mögliche hat sich um dieses Fest herum entwickelt; nur wenig davon hat eigentlich mit Weihnachten zu tun. Eigentlich hat Weihnachten mit der Geburt Jesu zu tun. Wenn wir an die biblische Erzählung dieser Geburt denken, so kommt den meisten von uns vermutlich jene nächtliche Geschichte vom Stall in den Sinn, von Hirten und Engelsgesang. So jedenfalls erzählt sie der Evangelist Lukas.

Ganz anders macht das sein Kollege Matthäus. Über diese Erzählung, die von Matthäus, möchte ich heute Morgen nachdenken und Sie, liebe Hörerinnen und Hörer, auf eine kleine Gedankenreise mitnehmen, von Satz zu Satz diesem biblischen Text entlang.

Eine nüchterne Erzählung

Matthäus beginnt sein Evangelium mit einem Stammbaum Jesu, und dann heisst es kurz und knapp:

> *"Mit der Geburt Jesu Christi war es so: Maria, seine Mutter, war mit Josef verlobt; noch bevor sie zusammengekommen waren, zeigte sich, dass sie ein Kind erwartete - durch das Wirken des Heiligen Geistes. Josef, ihr Mann, der gerecht war und sie nicht bloßstellen wollte, beschloss, sich in aller Stille von ihr zu trennen."* Mt 1,18-19[2]

[1] Predigt gesendet am 22. Dezember 2013

[2] alle Bibeltexte dieser Ausgabe werden, sofern nicht anders angegeben, nach der Einheitsübersetzung zitiert

Eine nüchterne Beschreibung. Matthäus erzählt ohne Umschweife: So war das. Ziemlich unspektakulär. Ein junges Paar, verliebt, der Wunsch nach Beziehung. Sie wird schwanger, das passt jetzt irgendwie nicht, er will sich trennen. In aller Stille, um sie nicht blosszustellen. Eine unspektakuläre Geschichte, ganz und gar menschlich, alltäglich fast.

Dass es etwas Besonderes auf sich hat mit dieser Schwangerschaft, auch das erzählt Matthäus fast wie nebenher. Kein grossartiger Aufritt eines Engels, keine Zustimmung der jungen Maria – einfach: Sie erwartete ein Kind. Durch das Wirken des hl. Geistes. Mit dieser knappen Feststellung erzählt Matthäus im Grunde nichts über Maria, aber sehr viel über Gott:

Gott wird konkret. Gott ist nicht irgendeine Idee von einer höheren Macht, irgendetwas Unbestimmtes, irgendwo. Nein, Gott greift in die Geschichte von Menschen ein. So konkret, wie eine Schwangerschaft nun mal ist. Gott verbündet und verbindet sich mit uns Menschen, wie es enger und verbindlicher gar nicht vorstellbar ist: Gott wird selber Mensch.

Doch soweit ist es noch nicht in dieser Erzählung. Maria ist schwanger, und mit dieser Feststellung verschwindet sie schon fast wieder. Matthäus erzählt den Fortgang der Geschichte so:

> *Josef … der gerecht war und sie nicht bloßstellen wollte, beschloss, sich in aller Stille von ihr zu trennen. Während er noch darüber nachdachte, erschien ihm ein Engel (des Herrn) Gottes im Traum.*
>
> Mt 1, 19-20a

Matthäus erzählt die Geschichte von der Geburt Jesu mit Josef in der Hauptrolle. Und er nennt einige Eigenschaften dieses Mannes, wir haben es gehört: Josef ist gerecht. Er ist empathisch. Er denkt nach. Er träumt.

Josef – ein Mann mit Qualitäten

Josef ist gerecht. Das wird als erstes über ihn gesagt. In der Bibel werden jene Menschen als „gerecht“ bezeichnet, die sich nach dem Gesetz richten, das das Volk Israel von Gott erhalten hat. „Gerecht“ sind also Menschen, die nach Gottes Willen leben, die auf Gott zu hören versuchen und mit Gott rechnen in ihrem Leben. So einer ist Josef.

Ein Zweites: Josef ist empathisch, einfühlsam. Er überlegt sich, wie er sich von Maria trennen kann, ohne sie blosszustellen. Denn er ahnt, wie ihr zumute ist. Er will es ihr nicht noch schwerer machen. Er liebt sie. Sehr.

Und weiter: Josef denkt nach. Sein Leben ist durcheinandergeraten. Alle Pläne für die Zukunft – plötzlich wie in Luft aufgelöst. Wie soll es jetzt weitergehen? Josef bleibt besonnen. Er überstürzt nichts. Er denkt nach. Er wägt sorgfältig ab, was das Richtige ist, jetzt, in dieser Situation.

Und Josef träumt. Keinesfalls ist er aber ein Traumtänzer, der sich in irgendein Wolkenkuckucksheim flüchtet – das wird deutlich, wenn wir die biblische Geschichte weiterhören:

> *Während (er) Josef noch darüber nachdachte, erschien ihm ein Engel (des Herrn) Gottes im Traum und sagte: Josef, Sohn Davids, fürchte dich nicht, Maria als deine Frau zu dir zu nehmen; denn das Kind, das sie erwartet, ist vom Heiligen Geist. Sie wird einen Sohn gebären; ihm sollst du den Namen Jesus geben …. Dies alles ist geschehen, damit sich erfüllte, was (der Herr) Gott durch den Propheten gesagt hat: Seht, die Jungfrau wird ein Kind empfangen, einen Sohn wird sie gebären, und man wird ihm den Namen Immanuel geben, das heißt übersetzt: Gott ist mit uns.* Mt 1, 20-23

Keine geheime Botschaft wird ihm da im Traum übermittelt. Vielmehr wird beschrieben, wie Josef wieder Boden unter den Füssen gewinnt. Allmählich klären sich die Gedanken. Josef erkennt, was gerecht ist und dem Willen Gottes entspricht. Er kann wieder durchatmen. Ihm leuchtet ein, dass er Maria ja gar nicht verlassen will. Er bekommt wieder Mut, denn deutlich hat er es vernommen: *Fürchte dich nicht.* Und im Traum leuchten Josef die grösseren Zusammenhänge auf: Ja, natürlich ... schon die Propheten haben gesagt ...

Grösseres Vertrauen gewinnen

Und so wächst das Vertrauen in seine eigenen Gedanken und Gefühle. Ja, er ist sich sicher: Maria ist die Liebe meines Lebens. Mit ihr zusammen will ich dieses Leben gestalten, dieses schöne, schwierige Leben. Was auch immer es auf sich haben mag mit diesem Kind – es ist gut, wie es ist. Ich fürchte mich nicht mehr vor all den Herausforderungen und Unsicherheiten, die auf uns zukommen werden. Denn ich spüre: Gott ist mit uns.

Und so endet die Erzählung bei Matthäus so nüchtern und unsentimental, wie sie begonnen hatte:

> *Als Josef erwachte, tat er, was der Engel ... ihm befohlen hatte, und er nahm seine Frau zu sich.* Mt 1, 24

Wie geht es Ihnen, liebe Hörerin, lieber Hörer, mit dieser Weihnachtsgeschichte? Vermissen Sie Romantik und Festlichkeit? Ich kann es nur ganz persönlich sagen: Ich finde diese Erzählung sagenhaft gut. Nicht, weil sie gängige Weihnachts-Klischees nicht bedient. Mich beeindruckt Josefs Weg. Es ist ein Weg in eine grosse Freiheit und Souveränität, in ein unspektakuläres, aber tiefes Selbstvertrauen.

Ich halte es für bemerkenswert, dass Josef bei all dem ganz ohne Autoritäten auskommt. Er rennt nicht etwa zum Rabbi, um ihn nach seiner Meinung zu fragen. Er zieht nicht die Schriftgelehrten zu Rate, die genau sagen könnten, was im Gesetz vorgesehen ist für einen solchen Fall. Er macht sich nicht abhängig von der gängigen Meinung oder vom Getratsche im Dorf.

Josef ist gerecht. Er ist empathisch. Er denkt nach. Er träumt. Das reicht.

In ihm selbst, in der Tiefe seines Herzens, weiss und spürt er ganz genau, was richtig ist und dem Willen Gottes entspricht. Was nottut. Was seine Sehnsucht nährt. Das macht er ganz allein mit sich und mit seinem Gott aus. Und ich stelle mir vor, dass er auch mit Maria viel geredet haben wird in jenen Tagen. Ich stelle mir vor, wie sie das abgemacht haben miteinander. Wie sie dem Leben, das sich da zaghaft anbahnt, Raum geben und Entfaltung wünschen. Wie ihr Vertrauen wächst, dass es Gott ist, der sich da anbahnt in ihrem Leben.

Dieses Vertrauen, dass es Gott ist, der sich da leise anbahnt in unserem Leben, dieses Vertrauen wünsche ich Ihnen, liebe Zuhörerin, lieber Zuhörer. Nicht nur an Weihnachten – aber dann ganz besonders.

Lob der Ungeduld

Gedanken zu Joh 11[3]

Liebe Hörerin, lieber Hörer

Sind Sie ein geduldiger Mensch? Oder möchten Sie möglichst alles jetzt schon und sofort erledigt und geklärt haben?

Bei mir selber beobachte ich, dass ich mich oft irgendwo dazwischen bewege. Manches hängt ganz schlicht von der Tagesform ab, manches von sonstigen Ereignissen in meinem Alltag.

Deshalb ist eine zweite, wichtige Frage für mich – nämlich wie ich das bewerte, was ich bei mir oder bei anderen feststelle. Denn ich bin mir nicht sicher, ob es eine Tugend ist und erstrebenswert, geduldig zu sein. Oder gibt es auch Grenzen der Geduld oder so etwas wie eine heilsame Ungeduld?

Ungeduldig auf Ostern warten

Eher ungeduldig scheint mir die Leseordnung der kath. Kirche zu sein. Immerhin geht es noch zwei volle Wochen bis Ostern, und dennoch ist für den heutigen Sonntag eine Auferstehungsgeschichte vorgesehen:

Lazarus, der Bruder von Marta und Maria, war krank. Sterbenskrank. Deshalb schickten die beiden Schwestern eine Nachricht zu Jesus – wohl in der Annahme, dass Jesus dann schleunigst kommen würde, und wohl auch in der Hoffnung, dass er dem kranken Bruder helfen könne.

Doch stattdessen ergeht sich Jesus in langen Gesprächen mit seinen Jüngern über Krankheit und Tod und die Verherrlichung Gottes, er spricht in Bildworten über Licht und Dunkel, Tag und Nacht. Mehrere Tage lässt er so verstreichen, und es ist ihm sehr wohl bewusst, dass Lazarus unterdessen stirbt.

---

[3] Predigt gesendet am 13. März 2005

Als er sich endlich aufmacht und in Bethanien ankommt,

„fand er Lazarus schon vier Tage im Grab liegen. Viele Menschen waren zu Marta und Maria gekommen, um sie wegen ihres Bruders zu trösten. Als Marta hörte, daß Jesus komme, ging sie ihm entgegen ... Marta sagte zu Jesus: Wärst du hier gewesen, dann wäre mein Bruder nicht gestorben. Aber auch jetzt weiß ich: Alles, worum du Gott bittest, wird Gott dir geben.

Jesus sagte zu ihr: Dein Bruder wird auferstehen.

Marta sagte zu ihm: Ich weiß, daß er auferstehen wird bei der Auferstehung am Letzten Tag.

Jesus erwiderte ihr: Ich bin die Auferstehung und das Leben. Wer an mich glaubt, wird leben, auch wenn er stirbt, und jeder, der lebt und an mich glaubt, wird auf ewig nicht sterben. Glaubst du das?

Marta antwortete ihm: Ja, ich glaube, daß du der Messias bist, der Sohn Gottes, der in die Welt kommen soll". Joh 11, 17 – 27

Ungeduldig mit Jesus

Marta kann nicht abwarten, bis Jesus im Dorf ankommt. Sie ergreift die Initiative und läuft ihm entgegen. Und sie macht ihm schwere Vorwürfe, voller Ungeduld: *Wärst du hier gewesen, dann wäre mein Bruder nicht gestorben.*

Denn sie kann sich nicht abfinden mit dem zu frühen Tod des Bruders. Sie kann nicht und sie will sich nicht geduldig fügen in das scheinbar so unvermeidliche Schicksal. Also fordert sie Jesus heraus: *Wärst du hier gewesen, dann wäre mein Bruder nicht gestorben.* Ungeduldig und anklagend schleudert sie ihm diesen Satz entgegen.

Doch seine Antworten – sie können ihr nicht wirklich Antwort geben. Sie lässt sich nicht so einfach „abspeisen“ mit einer Lehrformel: *Dein Bruder wird auferstehen.* Das weiss sie selber. Sie kennt sich aus in ihrer Religion, und sie weiss, dass das damalige Judentum die Auferstehung in der Zukunft erhofft: *Ich weiß, daß er auferstehen wird bei der Auferstehung am Letzten Tag.*

Aber das reicht nicht. Eine Hoffnung, die fern liegt, nährt nicht. Marta hat keine Geduld zu warten bis zum „Letzten Tag“. Sie muss sich mit diesem unzuverlässigen Freund auseinandersetzen. Sie ringt um ein Verständnis dieses Todes, um eine - um ihre - innere Zustimmung.

Durch diese drängende und ungeduldige Auseinandersetzung findet Marta schlussendlich zu solch einem eigenen Verständnis. Mehr noch, sie arbeitet sich hindurch zu einem grossartigen Christusbekenntnis:

> *Ja, ich glaube, daß du der Messias bist, der Sohn Gottes, der in die Welt kommen soll.* Joh, 11, 27

Christusbekenntnis einer Frau

Hier legt eine Frau dieses Christusbekenntnis ab. Das ist immerhin bemerkenswert, denn fast wörtlich sagt Petrus diesen Satz im Mattäus-Evangelium (Mt 16, 16). Petrus hat damit Karriere gemacht und Kirchengeschichte geschrieben. Aber Marta und ihr Bekenntnis? Allzu lange wurden sie unsichtbar gemacht. Eine ungeduldige, engagierte und herausfordernde Frau – das war in der Zeit nach Jesus wohl zu viel für die Kirchenmänner.

Aber immerhin: ihr Bekenntnis ist uns überliefert, und so schnell kann uns niemand mehr sagen, Frauen seien nicht aufgetreten und hervorgetreten im Leben Jesu und im Leben der frühen Gemeinden.

Doch ist die Geschichte hier nicht zu Ende. Es wird noch von Maria erzählt, der anderen Schwester, die so ganz anders mit dem Tod des Bruders umgeht. Es wird von Lazarus erzählt, wie Jesus ihn befreit aus allem, was ihn lähmt und fesselt in seiner Lebensentfaltung. Und es wird von den Menschen erzählt, die zum Glauben gekommen sind in diesen Begegnungen.

Doch ich möchte meinen Blick bei Marta lassen, bei ihrer Ungeduld, mit der sie die anderen vermutlich auch nervt. Bei dieser Marta, die sich nicht zufrieden gibt mit vorschnellen Antworten, die sich so schnell nichts vormachen lässt. Ihr gilt meine Sympathie. Denn sie verkörpert eine Haltung, die ich oft vermisse.

„Es muss doch mehr als alles geben"

Was ich damit meine, drückt sich für mich treffend in einem Buchtitel von Dorothee Sölle aus: „Es muss doch mehr als alles geben"[4]. Im Untertitel heisst es: Nachdenken über Gott.

„Es muss doch mehr als alles geben" – und damit ist keineswegs an Mehr an Konsum oder Fun gemeint. Gemeint ist, so wie ich es verstehe, dieses ungeduldige Fragen und Ringen: Das kann es doch noch nicht gewesen sein, das kann doch unmöglich alles sein – diese Gier nach immer mehr Konsum, dieses unablässige Berieselt-Werden von Dudelmusik und zahllosen Talkshows mit ihrem Geplapper, Wellness als das höchste aller Gefühle. Das kann doch wohl nicht alles sein - diese Politik, die Sicherheit zu ihrer obersten Grösse erklärt und alles Fragen nach Gerechtigkeit, nach den Opfern auch, komplett ausblendet.

„Es muss doch mehr als alles geben" – das ist ungeduldiges Nachfragen nach dem, was dem Leben Sinn gibt und was das Leben lebenswert macht, nach dem, was noch nicht sichtbar ist, aber das es doch geben muss.

---

[4] Sölle, Dorothée: Es muss doch mehr als alles geben. Nachdenken über Gott. Verlag Herder, Freiburg; 3. Aufl. 2006

Solch ungeduldiges Nachfragen kann sich nicht zufrieden geben mit oberflächlichen Antworten, mit einem schnellem „so ist das eben“ oder „der Markt verlangt das“. Diese Ungeduld ringt um ehrliche, tragfähige Antworten, weil ihr am Leben liegt, weil ihr das Leben lieb ist und wertvoll und schön. Und weil es um Leben und Tod geht.

Ungeduld für das Leben

So ungeduldig stelle ich mir Marta vor. Eine Frau, die das Leben liebt und die es meistert, die einen grossen Haushalt managt und es geniesst, sich auseinander zu setzen. Es muss doch mehr geben, als dass der Tod das letzte Wort hat, oder Gewalt, Ausbeutung, Folter und Unterdrückung.

Und so lese ich diese Geschichte als ein Lob der Ungeduld. Zugegeben, das ist einseitig. Und das lässt andere Facetten ausser Acht, und es ist keine umfassende Exegese. Dennoch leiste ich mir diese Unausgewogenheit, weil ich mir auch etwas von Martas Ungeduld leisten will. Weil ich überzeugt bin, dass es unsere Ungeduld braucht, damit es anders wird, damit Lazarus nicht im Grab bleibt, damit wir ablegen, was uns fesselt und an unserer Lebensentfaltung hindert.

Mein Lob der Ungeduld ist noch aus einem anderen Grund einseitig. Natürlich weiss ich sehr wohl, dass es oft viel Geduld braucht und eine nicht nachlassende Beharrlichkeit, um Veränderungen in Gang zu setzen und durchzusetzen. Und es braucht sie dringend, die geduldigen und beharrlichen Menschen, die aushalten und ausharren und dranbleiben, jeden Tag.
Doch ich meine, es brauche auch die Ungeduldigen. Und vielleicht legt uns die katholische Leseordnung deshalb diese Auferstehungsgeschichte schon vor Ostern ans Herz. Wir sollen ungeduldig nachfragen nach dem Leben, auch wenn nicht Ostern im Kalender steht. Wir sollen ungeduldig nachfragen nach dem Leben, wann es denn endlich herauskommt aus seinen Fesseln und Bindungen.

„Es ist Zeit, dass es Zeit wird“

Sind Sie ein geduldiger Mensch? So hatte ich Sie zu Beginn meiner Gedanken gefragt. Ich kenne Ihre persönliche Antwort nicht. Doch ich wünsche Ihnen und mir diese Ungeduld für das Leben, denn es ist Zeit. Und so möchte ich schliessen mit wenigen Zeilen aus einem Gedicht von Paul Celan[5]:

> Es ist Zeit, dass der Stein sich zu blühen bequemt,
> dass der Unrast ein Herz schlägt.
> Es ist Zeit, dass es Zeit wird.
> Es ist Zeit.

[5] Corona, in: Celan, Paul, Mohn und Gedächtnis, 1952

Bilder vom guten Hirten

Gedanken zu Joh 10, 1-10[6]

Liebe Hörerin, lieber Hörer – guten Morgen!

Die Bibel könnte man auch als Bilderbuch bezeichnen. Denn es finden sich keine wissenschaftlichen Abhandlungen in diesem Buch, keine Definitionen und keine Protokolle. Dafür ganz viele Geschichten. *Ein* Bild aus dem biblischen Geschichtenbuch ist jenes vom „guten Hirten". Eine idyllische Szene. Ein Bild ein wenig aus einer anderen Welt, es wirkt etwas verstaubt.

Bilder über Bilder

Vor meinem inneren Auge tauchen schnell andere Darstellungen auf:

- etwa jene süsslichen Bilder im Nazarenerstil, die Jesus vorwiegend als guten Hirten darstellen, etwas schlaff und schlapp und irgendwie abgehoben
- das sprichwörtliche schwarze Schaf, das nicht mitblökt mit den anderen
- ein idealisiertes Landleben, wo die Welt noch in Ordnung ist, wie man so sagt
- „Der Herr ist mein Hirte" – so singt Psalm 23 im ersten Testament
- auch jene Szene aus der Weihnachtsgeschichte kommt mir in den Sinn, mit den Hirten, die die Ersten sind, die von der Geburt des Gotteskindes erfahren
- und nicht zuletzt die Übertragung der Metapher vom Hirten auf kirchliche Amtsträger: Wenn sich Bischöfe und Priester als „Pastoren", als Hirten verstehen, dann sind alle anderen Schafe, die ihnen duldsam und naiv folgen sollen – um es einmal etwas überzeichnet auszudrücken.

---

[6] Predigt gesendet am 11. Mai 2014

Sie merken es, ich habe meine liebe Mühe damit, dass sich Jesus ausgerechnet mit einem Hirten vergleicht - „und die Schafe folgen ihm" (10, 4). Denn ich will kein Schaf sein, geduldig, folgsam und etwas dümmlich. Damit kann ich mich nicht identifizieren.

Nun, Mühe hin oder her – die Bibel braucht dieses Bild vom Hirten und seinen Schafen. Vor allem dem Autor des Johannes-Evangeliums war es offensichtlich wichtig. Steckt in diesem Bild auch etwas Herausforderndes? Gibt es etwas, das mich lockt oder mein Denken anregt?

Eine herausfordernde Beziehung

Der erste Teil dieses Gleichnisses beschreibt, *wie* sich Jesus den Schafen nähert:

> *Amen, amen, das sage ich euch: Wer in den Schafstall nicht durch die Tür hineingeht, sondern anderswo einsteigt, der ist ein Dieb und ein Räuber. Wer aber durch die Tür hineingeht, ist der Hirt der Schafe.* Joh 10, 1-2

Der Hirte tritt durch die Tür ein. Nicht hintenherum. Nicht heimlich oder auf Schleichwegen. Er geht offen auf sie zu. Sie sehen ihn kommen. So brauchen sie nicht zu erschrecken. So fängt Beziehung an. Auf Augenhöhe. Offen und angstfrei.

Der zweite Teil beschreibt dann diese Beziehung:

> *Die Schafe hören auf seine Stimme; er ruft die Schafe, die ihm gehören, einzeln beim Namen und führt sie hinaus. Wenn er alle seine Schafe hinausgetrieben hat, geht er ihnen voraus, und die Schafe folgen ihm; denn sie kennen seine Stimme.* Joh 10, 3b-4

Ich weiss nicht, ob es realistisch ist, dass ein Schäfer wirklich all seine Tiere namentlich kennt. In diesem Gleichnis aber ist es zentral. Denn hier wird die Beziehung zwischen Jesus und seinen Freundinnen und Freunden beschrieben, die Beziehung zwischen Gott und Mensch. Aus Gottes Blickwinkel ist es eine enge Beziehung auf Augenhöhe, ein Vertrauensverhältnis.

Das ist eine erste Herausforderung: Jesus ruft Menschen in seine Nachfolge – und das ist zunächst eine ganz und gar persönliche Sache. Ich mit meinem Namen, mit allem, was mich ausmacht, ich bin gerufen. Ich bin gemeint. Erkenne ich diese Stimme? Wie gestalte ich – ganz persönlich – meine Gottesbeziehung?

Diesem Hirten ist es nicht egal, was aus seinen Schafen wird. Das ist für mich eine zweite Herausforderung. Ich erhalte das Versprechen einer grossen Fürsorge – aber will ich das überhaupt? Das widerspricht meinem Wunsch nach Autonomie, meiner Fähigkeit zur Selbstsorge. Für mich persönlich bleibt das ein schwieriger Aspekt dieses Bildes.

Der gute Hirte und die realen Hirten

Die dritte Herausforderung liegt im sozialen Aspekt: Sie wird mir bewusst, wenn ich mir die Hirten der Weihnachtsgeschichte vor Augen halte. Zur Zeit Jesu waren Hirten sozial und gesellschaftlich gesehen wirklich die Allerletzten. Sie standen am untersten Rand der gesellschaftlichen Rangordnung, sie wurden ausgegrenzt, sie waren bettelarm, sie waren sozial nicht integriert und nicht integrierbar. Eine wahrhafte Anti-Idylle. Ihnen nun wird die Geburt Jesu zuerst und exklusiv verkündet. Ihnen gilt die Frohe Botschaft vor allen anderen. Sie haben sie am nötigsten. Das radikalisiert jede religiöse Romantik. Denn wenn sich Jesus selber mit diesen Allerletzten vergleicht und identifiziert, dann bedeutet Jesusnachfolge, in den Allerletzten

Jesus selber zu erkennen. Und in ihnen gute Hirten. Mit dieser Herausforderung bin ich noch lange nicht fertig.

Und viertens fordert der Absolutheitsanspruch Jesu heraus. Denn der gute Hirte, wie ihn das Johannes-Evangelium vorstellt, das ist Jesus. Nur er. Niemand sonst. Diese Überzeugung hat Konsequenzen für jedes Amtsverständnis in der Kirche. Denn in diesem Bild sind wir alle Schafe: Priester und Laien, Tiefgläubige und Schwerzweifelnde, Bibelunkundige wie Theologinnen gleichermassen. Damit relativiert dieses Bild jede vorschnelle Identifizierung und alle Ansprüche selbsternannter Hirten und manchmal auch Hirtinnen; in der Kirche und überall, wo Menschen wollen, dass man ihnen folgt.

Versprochen: Leben in Fülle!

Kehren wir noch einmal zurück zum Bibeltext. Im dritten Teil der Erzählung verschieben sich nämlich die Bilder. Jetzt bezeichnet sich Jesus selber als Tür:

> *Ich bin die Tür; wer durch mich hineingeht, wird gerettet werden; er wird ein- und ausgehen und Weide finden. … ich bin gekommen, damit sie das Leben haben und es in Fülle haben.* Joh 10, 7b – 10

Die Fülle des Lebens! Wer würde sie sich nicht wünschen! Aber wie sieht das Leben in Fülle aus, wie fühlt es sich an? Was stellen Sie sich jetzt gerade vor, liebe Hörerinnen und Hörer? Was geht Ihnen durch den Kopf und durch Ihr Herz?

Ich vermute, es sind wieder Bilder, die vor Ihrem inneren Auge auftauchen, Ahnungen davon, wie es sein könnte … Für mich ist eines klar: Dieses Leben in seiner ganzen Fülle und endgültigen Entfaltung, das gibt es noch nicht. Noch nicht ganz. Noch längst nicht für alle.

Das Leben in Fülle ist vor allem eine grosse Sehnsucht. „Es muss doch mehr als alles geben“[7] – so hat Dorothee Sölle, die grosse Theologin, diese Sehnsucht einmal umschrieben.

Das empfinde ich als die grösste Herausforderung dieses Textes: Die Sehnsucht nach dem Leben in Fülle wachzuhalten und zu nähren. Immer wieder daran zu erinnern, dass das Leben, wie es ist, noch nicht gut ist, noch nicht ganz ist. Und nicht aufzuhören, uns immer wieder dafür zu entscheiden und darauf hinzuarbeiten. Denn es kommt nicht von selbst und von allein, das Leben in Fülle. Es ist ein grosses göttliches Versprechen – und es braucht dich und mich, damit es manchmal, hier und da, schon aufblitzt, mitten im ganz alltäglichen Leben.

Diese Erfahrung wünsche ich Ihnen, werte Hörer und Hörerinnen, diese nicht nachlassende Sehnsucht wünsche Ihnen und mir.

Amen.

[7] Sölle, Dorothée: Es muss doch mehr als alles geben. Nachdenken über Gott. Verlag Herder, Freiburg; 3. Aufl. 2006

„Sorgt euch nicht!“

Gedanken zu Mt 6, 24-34[8]

Guten Morgen, liebe Hörerin, lieber Hörer

Es ist März geworden. Ich liebe in dieser Jahreszeit die Morgenstimmung. Es ist so ein ganz besonderes Dazwischen – noch ist es nicht wirklich hell, aber auch nicht mehr richtig dunkel, schon schmeckt die Luft ein wenig nach Frühling, und da und dort recken die ersten Krokusse ihre Köpfe aus dem Boden. Es steckt etwas Verheissungsvolles in dieser Morgenstimmung Anfang März. Noch ist nicht wirklich sichtbar, wie es sein wird, wenn der Frühling ganz da ist. Aber er bahnt sich schon an, er weckt unsere Sehnsucht – so wie es Marie-Luise Kaschnitz am Beginn ihres Textes *„Amselsturm“*[9] beschrieben hat: *„Angenehme Vorstellungen von Dingen, die noch nicht sind, aber sein werden, zum Beispiel im März …“*
Die Vorstellung von Dingen, die noch nicht sind, aber sein werden … das umschreibt sehr gut, worum es Religionen geht, immer. Und das hat nichts mit Wunschdenken zu tun oder mit Träumerei jenseits der Realität. Eine Vorstellung davon zu haben, wie es auch noch sein könnte … und danach zu suchen … und darauf zu vertrauen … davon erzählt auch die Urkunde des christlichen Glaubens - die Bibel - immer wieder, zum Beispiel in dieser langen Rede, die der Evangelist Matthäus Jesus in den Mund gelegt hat, in der so genannten Bergpredigt.

---

[8] Predigt gesendet am 2. März 2014
[9] Marie Luise Kaschnitz, Steht noch dahin. Neue Prosa, Insel Verlag 1970, Frankfurt am Main

Sorgen prägen unser Leben

Auf's erste Hören mag es naiv klingen und weltfremd, wenn Jesus den Menschen zuruft:

> *„Sorgt euch nicht um euer Leben und darum, dass ihr etwas zu essen habt, noch um euren Leib und darum, dass ihr etwas anzuziehen habt."* Mt 6, 25

Der hat gut reden! Denn Gründe dafür, dass wir uns Sorgen machen, gibt es unzählige: Werde ich meinen Arbeitsplatz behalten, oder geht mein Betrieb vielleicht pleite? Reicht unser Verdienst, um die monatlichen Rechnungen bezahlen zu können? Werden wir im Alter überhaupt noch eine Rente, eine Pension beziehen, und werden wir davon leben können? Wir machen uns Sorgen um unsere Gesundheit, um unsere Karriere, um unsere Kinder. Und wir sorgen vor, wo es geht.

Aber tun wir das nicht zu Recht? Sind unsere Sorgen nicht ein Ausdruck dafür, dass wir verantwortungsvoll leben? Schliesslich wollen wir selber für uns sorgen und niemandem auf der Tasche liegen. Macht es sich Jesus nicht etwas zu einfach? Denn manchmal gibt es ja auch das: Die Sorgen werden zu gross. Tatsächlich. Wenn eine junge Mutter die Diagnose einer unheilbaren Krankheit erhalten hat – wie sollte sie sich da nicht sorgen um ihre Kinder? Die Sorgen der abgewiesenen Asylbewerber – sie fressen sich tief in ihre Seelen und in ihre Körper hinein. Wie mag für sie dieses *Sorgt euch nicht!* klingen?

Aber warum warnt Jesus denn derart eindringlich vor der Sorge und dem sich-Sorgen? Wo das doch ganz offensichtlich zu unserem Leben gehört und zu unserer menschlichen Natur? Vielleicht weil er die Auswirkungen kennt. Sorge bedeutet, angstvoll auf das zu schauen, was in der Zukunft vielleicht passieren könnte, was mir morgen möglichweise fehlt. Die Sorge führt zu einer defizitären Sicht auf das Leben – ich kann nur noch das erkennen, was fehlt, was nicht gut ist, wo Mangel herrscht.

Hören wir deshalb, wie Jesus seine Rede fortsetzt:

> *Seht euch die Vögel des Himmels an: Sie säen nicht, sie ernten nicht und sammeln keine Vorräte in Scheunen; euer himmlischer Vater ernährt sie. Seid ihr nicht viel mehr wert als sie? Wer von euch kann mit all seiner Sorge sein Leben auch nur um eine kleine Zeitspanne verlängern?*
>
> *Und was sorgt ihr euch um eure Kleidung? Lernt von den Lilien, die auf dem Feld wachsen: Sie arbeiten nicht und spinnen nicht. Doch ich sage euch: Selbst Salomo war in all seiner Pracht nicht gekleidet wie eine von ihnen.* Mt 6, 26-29

Sehen und lernen

Seht und lernt. Die Verben zeigen eine Bewegung an. *Seht euch die Vögel des Himmels an.* Mein Blick wird von meinen Sorgen weg an den Himmel und in die Weite gelockt. Plötzlich kann alles in einem anderen Licht erscheinen. Gemessen an der Weite des Himmels verschiebt sich die Landschaft meiner Sorgen. Ich werde freier, befreit aus dem ängstlichen Kreisen um meine Sorgen.

Lernt von den Lilien, die auf dem Feld wachsen! Offensichtlich geschieht diese Befreiung nicht einfach von selbst, nicht ohne mein Zutun. Ich muss lernen, eine andere Haltung einüben, immer wieder.

Die Sorge ist darauf bedacht, das Leben in den Griff zu bekommen und es im Griff zu behalten. Sie ist das Gegenteil von Vertrauen. Eine andere Haltung zu lernen und einzuüben, führt also dazu, dem Leben zu vertrauen. Das bedeutet ja gerade nicht, sorglos einfach so vor uns hinzuleben. Auch die Vögel des Himmels müssen täglich ihr Futter suchen, sich ein Nest bauen, ihr Leben vor Feinden und Gefahren schützen. Die Lilien wachsen nur dann heran und können sich entfalten, wenn sie die Nährstoffe des Bodens aufnehmen. Deshalb sagt Jesus:

> *Macht euch also keine Sorgen und fragt nicht: Was sollen wir essen? Was sollen wir trinken? Was sollen wir anziehen? Denn um all das geht es den Heiden. Euer himmlischer Vater weiß, dass ihr das alles braucht. Euch aber muss es zuerst um sein Reich und um seine Gerechtigkeit gehen; dann wird euch alles andere dazugegeben.*
>
> Mt 6, 31-33

Klare Prioritäten

Für Jesus ist das eine klare Prioritätensetzung – zuerst das Reich Gottes, seine Gerechtigkeit. Die gilt es zu suchen. Denn das Reich Gottes – das ist ja nicht einfach da. Immer wieder hatte Jesus zwar gesagt, dass es ganz nah sei. Aber offen-sichtlich ist es nicht, noch ist es nicht, aber es wird kommen, ganz gewiss.

Wenn es uns zuerst um das Reich Gottes geht, dann weitet sich unser Blick ... es entsteht eine Ahnung von Dingen, die noch nicht sind, aber sein werden ... wir werden ein neues Vertrauen ins Leben lernen .... Nicht mehr die Sorgen um den morgigen Tag prägen unser Leben, sondern die Vorstellung von Dingen, die noch nicht sind, aber sein werden – das Reich Gottes. Und alles andere wird uns dazu gegeben... Jesus lädt uns in ein grosses Vertrauen ein: dass wir in einem göttlichen Lebenszusammenhang aufgehoben sind und dass wir da auch nicht herausfallen können.

Eine herausfordernde Vorstellung, gewiss. Aber auch verlockend, so wie die frühe Morgenstimmung im März. Für mich ganz berührend und hinreissend hat Marie-Luise Kaschnitz davon in ihrem Text „Amselsturm" erzählt. Mit diesem Text verabschiede ich mich von Ihnen, liebe Hörerinnen und Hörer, und ich wünsche Ihnen einen sonntäglichen „Amselsturm":

„Angenehme Vorstellungen von Dingen, die noch nicht sind, aber sein werden, zum Beispiel im März, wenn wieder einmal keine einzige Knospe zu sehen, kein Frühlingslufthauch zu spüren ist, während doch gegen Abend der Amselsturm sich erhebt. Blüten aus Terzen, Blätter aus Quinten, Sonne aus Trillern, ganze Landschaften aus Tönen aufgebaut. Frühlingslandschaften, rosaweiße Apfelbäume vor blauen Gewitterwolken, Sumpfdotterbäche talabwärts, rötlicher Schleier über den Buchenwäldern, Sonne auf den Lidern, Sonne auf der ausgestreckten Hand. Lauter Erfreuliches, was doch auch in anderer Beziehung, zum Beispiel in der Beziehung der Menschen zueinander eintreten könnte, Freude, Erkennen. Hinz liebt Kunz, Kunz umarmt Hinz, Hinz und Kunz lachen einander an. Amselsturm hinter den Regenschleiern und wer sagt, daß in dem undurchsichtigen Sack Zukunft nicht auch ein Entzücken steckt."

Wie macht sich Gott verständlich?

Gedanken zu Mt 13, 1-23[10]

Liebe Hörerin, lieber Hörer – guten Morgen!

Wer gehört werden will, der oder die muss lautstark auf sich aufmerksam machen. Das ist zum Beispiel im beruflichen Alltag für die meisten Menschen so: Sie müssen laut sein, immer wieder ihre Anliegen nennen und Positionen beziehen. Sonst bleiben sie womöglich auf der Strecke, bei der nächsten Reorganisation des Betriebs. Wer nicht laut ist und sich allein schon dadurch Aufmerksamkeit erheischt, der läuft Gefahr, weniger beachtet zu werden. Es scheint ein Gesetz unseres Zusammenlebens zu sein: Wer gehört werden will, der oder die muss unüberhörbar sein. Nur so kommt man zum Ziel.

Und ich will das gar nicht schlecht reden. Für meine Anliegen auch eintreten zu müssen – ja, das gehört dazu. Manchmal muss ich etwas wieder und wieder sagen, nochmals einbringen, bis es endlich gehört wird. Bis mein Anliegen beachtet wird, andere meine Argumente bedenken, ihnen vielleicht zustimmen und entsprechend handeln.

Wie macht das Gott eigentlich? Ich gehe mal davon aus, dass Gott gehört werden möchte. Jedenfalls lese ich in der Bibel, dass Gott redet. Gott spricht zu und mit Menschen. Also will Gott doch auch Gehör finden. Also möchte er doch, dass Menschen seine Argumente bedenken, dass sie sich mit dem göttlich Gesagten beschäftigen, ja, vielleicht sogar zustimmen und dann entsprechend handeln. Wie also geht Gott vor, wenn er bei Menschen Gehör finden will?

---

[10] Predigt gesendet am 13. Juli 2014

Ein eindrückliches Beispiel für göttliche Kommunikation habe ich im Mt-Evangelium entdeckt. Zu Beginn des 13. Kapitels erzählt Jesus ein Gleichnis, eine kleine Alltagsgeschichte. Diese Geschichte handelt von einem Sämann. Und sie erzählt, wie dieser Sämann seine Körner aussät und was dann mit dem ausgesäten Saatgut passiert. Längst nicht alles gedeiht und wächst und lässt sich am Schluss ernten. Einige Körner fallen auf den Weg und werden von den Vögeln gefressen, einige fallen auf felsigen Boden und können deshalb keine Wurzeln schlagen, wieder andere werden von Dornen und Gestrüpp erstickt. Es ist nur ein gewisser Teil, der auf guten Boden fällt, der gedeiht und sich entfaltet. Dieser Teil bringt reiche Frucht, sagt Jesus im Gleichnis, sogar dreissigfach, sechzigfach, hundertfach.

„Die Ohren haben zu hören, sollen hören" (Mt 13,9)[11] – so endet die Gleichnisgeschichte.

Das wirklich Verblüffende an den Gleichnissen, die Jesus erzählt, das ist ja, dass sie so einfach zu sein scheinen. Hier nimmt Jesus ein Beispiel aus der Landwirtschaft der damaligen Zeit. Alle kennen diesen Vorgang, alle verstehen sofort, wovon er redet. Auch wir haben keine Mühe, dieses Gleichnis zu verstehen, auch wenn vermutlich die wenigsten von uns in der Landwirtschaft arbeiten. Alle verstehen, was Jesus erzählt, und alle werden ihm vermutlich zustimmen. Ja, genau, so ist das. Genau das passiert, wenn ein Sämann auf's Feld geht und seine Körner aussät.

Wo aber liegt die Pointe dieser Geschichte? Einfach so einen Vorgang beschreiben, den alle kennen – das macht keinen Sinn. Warum erzählt Jesus dieses Gleichnis? Übrigens haben auch die Zuhörenden damals nicht so genau gewusst, was sie von dieser Geschichte halten sollten. Jedenfalls fragen die Jünger und Jüngerinnen Jesus, warum er denn in Gleichnissen rede.

---

[11] Alle Bibelzitate nach „Bibel in gerechter Sprache", Gütersloher Verlagsaus, 2006

Jesus erklärt es ihnen: Bei diesem Gleichnis geht es um das Wort Gottes. So wie es dem Sämann mit seinen Körnern ergeht, so ergeht es Gottes Wort: Bei einigen Menschen kommt dieses Wort gar nicht erst an. Da gibt es scheinbar nichts, wo dieses Wort Gottes „landen“ könnte. Andere sind zwar zunächst Feuer und Flamme, aber es fehlt ihnen offenbar an der nötigen Beharrlichkeit und Ausdauer, sie sind unbeständig, das Wort Gottes kann keine Wurzeln schlagen. Wieder andere ersticken das heilende Wort Gottes durch „die Sorgen dieser Weltzeit und die Verführung durch Wohlstand“, wie es Mt (13, 22) ausdrückt.

„Die auf gute Erde Gesäten sind die, die das Wort hören und verstehen. Die tragen dann auch Frucht und bringen sie hervor, sei es hundertfach, sechzigfach oder dreissigfach“. (Mt 13, 23)

So einfach ist das?

Ja, unverdrossen spricht Gott zu Menschen und redet mit ihnen. Zu allen Menschen, unterschiedslos. Gott kann gar nicht anders, als sich den Menschen zuzuwenden und mit ihnen zu reden. Es gehört so selbstverständlich zu ihm wie das Aussäen zu einem Sämann gehört. Obwohl Gott vermutlich ganz gut weiss, dass sein Wort längst nicht überall ankommt. Trotzdem sät Gott unbeirrt und unbeirrbar sein Wort aus – im tiefen Vertrauen, dass da Menschen sind, die hinhören. Und die das, was sie hören, nicht nur zum einen Ohr hinein- und zum anderen gleich wieder herausgehen lassen. So wie ein Sämann genau weiss, dass die Ernte gewiss ist, so vertraut Gott, dass da gewiss Menschen sind, die sich auf dieses Wort einlassen. Dann bringt es Frucht.

So einfach ist das. Und so atemberaubend. Da ist nichts von Anstrengung, nichts von Leistung, nichts von guten Taten, die ich vorweisen müsste oder ähnliches. Einfach nur hören. Offen sein. Genau hinhören. Wie ein Seismograph die feinen Vibrationen der göttlichen Stimme wahrnehmen. „Die Ohren haben zu hören, sollen hören“. Nur das. Dann bewirkt das Wort Gottes Grossartiges – wie automatisch und ganz von selbst. Eine wunderbare Zusage!

Denn dieses Gleichnis zeigt mir Gottes unerschütterliches Vertrauen in seine Menschen. Gott wird in uns und durch uns wirksam sein, dreissigfach, sechzigfach, sogar hundertfach. So gross denkt Gott von uns!

Mich berührt diese Geschichte, diese göttliche Zusage sehr. Trotz all der Gegenfragen, die ich natürlich auch habe: Warum kann sich Gott nicht besser verständlich machen? Warum spricht Gott nicht vernehmbarer?

Ganz offensichtlich verzichtet Gott darauf, uns niederzubrüllen. Das ist nicht Gottes Art. Gott zwingt niemanden. Sein Wort gilt allen, ohne Unterschied. Aber offensichtlich rechnet Gott auch damit, dass sich sein Sprechen nicht bei allen entfalten wird. Doch die, „die Ohren haben zu hören, werden hören“ und Frucht bringen. Vielfach und mannigfaltig. Die Geschichte berührt mich wegen dieses Vertrauens, das Gott in uns setzt. Ohne jeden Unterschied.

Sie berührt mich aber auch, weil sie mein Vertrauen in Gottes Wort stärkt und … ja, ich möchte sagen in die Wirksamkeit Gottes. Im ersten Testament hatte der Prophet Jesaja diese göttliche Wirksamkeit auch mit einem Vergleich aus der Natur beschrieben, indem er Gott sagen lässt:

> *„Denn wie Regen und Schnee vom Himmel herabfallen und nicht dorthin zurückkehren, sondern die Erde tränken, sie fruchtbar machen und sprießen lassen, damit sie Samen gibt zum Säen und Brot zum Essen, so wird das Wort, das aus meinem Mund hervorkommt, nicht ohne Erfolg zu mir zurückkehren, sondern tun,*

was ich will, und ihm wird gelingen, wozu ich es gesandt habe."
Jes 55, 10f

Ich wünsche Ihnen, liebe Hörerin, lieber Hörer, und mir dieses Vertrauen, dass sich göttlich Gesagtes entfaltet, in uns entfalten und wirksam werden wird – und dass es ein guter Sonntag werde, heute.

Vom Hunger nach Brot und vom Hunger nach Leben

Ver-rückte Gedanken zu Jes 55, 1-3 und Mt 14, 13-21[12]

Liebe Hörerin, lieber Hörer

Einen schönen Sonntagmorgen wünsche ich Ihnen! Vielleicht sitzen Sie ja jetzt gerade beim Frühstück. Vielleicht haben Sie ein feines Stück Zopf vor sich auf dem Teller oder ein knuspriges Vollkornbrötli.

Das tägliche Brot

Für mich gehört das zum Frühstücken: ein gutes Stück Brot. Der Duft von frischem Brot ist unvergleichlich. Wenn ich bewusst ein Stück Brot esse, mir Zeit lasse dazu – etwa am Sonntagmorgen – dann kann ich förmlich schmecken, wie nährend Brot ist.

Vielleicht reden wir deshalb auch in einem sprichwörtlichen Sinn vom „täglichen Brot". Wir meinen damit all das, was wir zum Leben brauchen, was uns nährt und Kraft gibt. Und ohne das „tägliche Brot" fehlt uns wohl auch der Mut für dieses oft gar nicht so einfache Leben. Was uns nährt und Kraft zum Leben gibt, was uns ermutigt, jeden Tag neu das Leben zu wagen: das ist dann mehr als das „tägliche Brot".

Eine verrückende Geschichte

Für mich gehören Geschichten dazu. Texte und Wörter können eine Kraft entfalten, die mich unmittelbar berührt und in mir Quellen aufschliesst. Dass ich als Theologin solche Texte immer auch in der Bibel entdecke, wird Sie nicht weiter erstaunen. Für den heutigen Sonntag ist in der katholischen Leseordnung ein kurzer Text aus dem Prophetenbuch Jesaja vorgesehen, der für mich persönlich so ein unmittelbar ansprechender, kraftvoller Text ist:

---

[12] Predigt gesendet am 31. Juli 2005

So spricht Gott:
Auf, ihr Durstigen, kommt alle zum Wasser!
Auch wer kein Geld hat, soll kommen.
Kauft Getreide, und eßt, kommt und kauft ohne Geld,
kauft Wein und Milch ohne Bezahlung!
Warum bezahlt ihr mit Geld, was euch nicht nährt,
und mit dem Lohn eurer Mühen, was euch nicht satt macht?
Hört auf mich, dann bekommt
ihr das Beste zu essen und könnt euch laben an fetten Speisen.
Neigt euer Ohr mir zu, und kommt zu mir,
hört, dann werdet ihr leben. Jes 55, 1-3a

Verrückt! Da redet einer vor mehr als 2500 Jahren davon, dass wir kaufen sollen ohne Geld! Dass nicht länger ausgeschlossen sein soll, wer kein Geld hat! Das ist doch ver-rückt im wahrsten Sinn des Wortes! Denn diese wenigen Sätze ver-rücken einiges, das wir gemeinhin für *un*verrückbar halten:

- Alles hat seinen Preis.
- Umsonst ist nichts zu haben.
- Wo kämen wir hin, wenn alle einfach so alles haben könnten?!
- Geld regiert die Welt!

Mich sprechen diese wenigen Sätze aus dem Jesajabuch an, gerade weil sie auch mein Denken ver-rücken. Natürlich weiss auch ich, dass es naiv ist anzunehmen, unser Zusammenleben und Wirtschaften würde ohne Geld, ohne das Tauschprinzip funktionieren. Und selbstverständlich finde ich es richtig, dass ich dafür bezahle, wenn ich das gebackene Brot dem Regal des Grossverteilers und den Beutel Milch einfach so dem Kühlfach entnehmen kann. So funktioniert eben unsere arbeitsteilige Welt, und ich profitiere ja auch davon.

Visionen verrücken mein Denken

Aber mich berühren diese wenigen Sätze so sehr, weil hier aufscheint, dass alles auch ganz anders sein könnte. Dass unsere Welt, so wie sie ist und funktioniert, nicht die einzig denkbare Welt ist, und dass sie ganz offensichtlich nicht die Welt ist, die Gott will. In diesen wenigen Sätzen schimmert eine Utopie durch, die Vision von einem Zusammenleben, das nicht funktioniert nach den Prinzipien von Leistung und Belohnung. Erzählt wird die Vision von einer Welt, in der nicht das Geld regiert, sondern in der die Menschen das bekommen, was sie brauchen.

Und das sind Getreide, Milch und Wein. Diese drei Nahrungsmittel werden erwähnt. Getreide und Milch machen das „tägliche Brot" aus. Das brauchen wir Menschen zum Überleben, das sollen alle bekommen. Niemand soll Hunger leiden.

Und Wein soll es geben für alle, das Zusätzliche im Leben, das dieses Leben schön macht und beschwingt. Alltag und Fest gehören zusammen. In diesen Rhythmus des Lebens sollen alle einschwingen dürfen, auch wenn sie kein Geld haben.

Deshalb fragt Gott nach:

> *Warum bezahlt ihr mit Geld, was euch nicht nährt,*
> *und mit dem Lohn eurer Mühen, was euch nicht satt macht?*
> Jes 55, 2a

Aktueller könnte meines Erachtens diese Frage gar nicht formuliert werden. Dazu reicht ein Blick in unsere Supermärkte und auf die ganzseitigen Zeitungsinserate der Nahrungsmittelbranche oder die schrillen Fernsehwerbespots für dieses und jenes:

> *Warum bezahlt ihr mit Geld, was euch nicht nährt,*
> *und mit dem Lohn eurer Mühen, was euch nicht satt macht?*

Verrückt, oder? Das fragt uns einer, der vor mehr als 2500 Jahren gelebt hat! Wir könnten jetzt pessimistisch sagen: Offensichtlich hat die Menschheit nichts gelernt. Wir könnten aber auch, und dazu möchte ich Sie gerne ermutigen, wir könnten *uns* von diesen Anfragen ver-rücken lassen.

Himmelschreiende Ungerechtigkeit

Wenn es um's tägliche Brot geht, beobachten wir in unserer Welt ein riesiges Auseinanderklaffen zwischen Nord und Süd. Die Zahl von täglich allein 18'000 Kindern, die an Hunger sterben, diese Zahl ist unfassbar. Sie beschreibt einen himmelschreienden Skandal. Dabei weiss ich, dass es genug „Brot" gibt, sogar mehr als genug. Die Produktion der Nahrungsmittel ist ausreichend für alle Menschen dieser Erde. Es müsste niemand an Hunger sterben. Und dennoch fehlt es am täglichen Brot oder Reis oder Mais. Bei den einen.

Bei den anderen gibt es dafür ein Überangebot an Nahrungsmitteln, das einfach zu viel ist: zu viel an Menge, zu viel an Auswahl, zu viel an Ungesundem; zu viel von dem, was uns nicht nährt und was uns nicht wirklich satt macht. Das übergrosse Warenangebot kann unseren Lebenshunger nicht stillen.

Überfluss hier und Mangel dort: Ist nicht *das* ver-rückt? Hat nicht diese Schieflage unsere Welt ver-rückt und in eine heillose Unordnung gebracht, deren Konsequenzen wir erst zu ahnen beginnen? Und wäre eine Welt, in der alle Getreide bekommen, *auch ohne Bezahlung,* wäre eine solche Welt nicht viel „normaler" und menschenfreundlicher, viel friedlicher und angstfreier?

Noch ist eine solche Welt Vision, ein göttlicher Traum. Aber so träumt sich Gott unsere Welt: Das tägliche Brot für alle! Und Wein, damit das Leben in Schwung kommt zwischen Alltag und Fest!

Nun steckt in jeder biblischen Vision auch die Verheissung, dass sie wahr wird. Denn die biblischen Visionen wollen unsere eingefahrenen Gedanken ver-rücken und unser müdes Herz beflügeln. Sie wollen uns herauslocken, nicht auf ein göttliches Wunder zu warten. Denn die neue, menschenfreundliche Welt fällt nicht vom Himmel. Gerechtigkeit ist in unsere Hände gelegt.

Alle werden satt

Das illustriert die zweite biblische Geschichte dieses Sonntags, die Geschichte der Brotvermehrung (Mt 14, 13-21). Tausende werden satt, obwohl da anfangs nur diese fünf Brote und die zwei Fische waren. Alle werden satt, denn Jesus hatte zu ihnen gesagt: *Gebt ihr ihnen zu essen!*

Das ist der Schlüssel. *Gebt ihr ihnen zu essen!* Die konkreten Zahlen dieses Evangeliums mögen übertrieben sein, aber alle wurden satt. Nicht, weil da Brot vom Himmel gefallen wäre, sondern weil sie angefangen haben zu teilen. Weil sie sich haben anstecken lassen von der Vision, dass alle satt werden können.

So verrückt diese Geschichten beim ersten Hören klingen mögen, bei genauerem Hinhören steckt in ihnen eine grosse Kraft, unsere eingefahrenen Gedanken zu ver-rücken und unser müdes Herz zu beflügeln. Alle werden satt – wenn das keine Vision für unsere Tage ist!

Alle, die Hunger haben nach Brot, werden satt, weil wir anfangen zu teilen, weil wir Politikerinnen und Parteien wählen, die sich stark machen für mehr Gerechtigkeit auf dieser Erde, weil wir anfangen, über unsere eigenen Interessen hinauszublicken.

Und es werden alle satt, die so lebenshungrig sind. Weil wir erkennen, was uns wirklich nährt und wo die Quellen der Lebendigkeit sprudeln. Konkret wird das für jeden und jede etwas anders aussehen. Aber uns allen gilt diese Zusage Gottes:

Auf, ihr Durstigen, kommt alle zum Wasser!
Hört auf mich, dann bekommt ihr das Beste zu essen.
Neigt euer Ohr mir zu, und kommt zu mir,
hört, dann werdet ihr leben. Jes 55, 1

Und wenn Sie nun gerade ein feines Stück Zopf essen oder ein knuspriges Vollkornbrötli, dann wünsche ich Ihnen, dass Sie es mit Leib und Seele geniessen können und daraus leben.

„Wer hat, dem wird gegeben". Vom Leben, das uns anvertraut ist

Gedanken zu Mt 25, 14 – 30[13]

Liebe Hörerin, lieber Hörer

Als ich Jugendliche war, gab es im deutschen Fernsehen eine Sendung, die hiess „Talentschuppen". Es war so etwas wie ein früher Vorläufer der Sendung „Musicstar". Wer Talent hatte, konnte sich melden und im Fernsehen dieses Talent vorführen. Ich weiss heute nicht mehr, was man gewinnen konnte oder wie es dann weiterging. Aber es war damals schon so spannend wie heute, all den Stars und Sternchen zuzuschauen - auch wenn alles wesentlich unprofessioneller und mit viel geringerer medialer Aufmerksamkeit ablief.

Das eigene Talent entdecken

Das eigene Talent entdecken und ausprobieren, das ist ja in der Tat etwas Spannendes. Und wohl nicht zufällig sind es Jugendliche, die „Musicstar" werden wollen, die auf der Suche sind, was sie alles aus sich herauslocken und aus sich machen können. Schade eigentlich, wenn wir uns das später wieder abgewöhnen. Denn wer weiss, welche Talente noch in uns schlummern, was auch noch ans Licht geholt werden könnte.

Wenn wir also von unseren Talenten reden, dann meinen wir eben diese Begabungen und Fähigkeiten, die in uns sind und die wir einsetzen in unserer Arbeit und für Hobbies, die wir pflegen, einfach weil wir uns dann gut fühlen und lebendig, weil wir so Mensch werden. All das geht mir durch den Kopf, wenn ich jene Geschichte höre, die Jesus einmal seinen Freundinnen und Freunden erzählt hat:

---

[13] Predigt gesendet am 13. November 2005

Talente sind ein Vermögen

Mit dem Himmelreich, so fing Jesus an, ist es wie mit einem Mann, der auf Reisen ging. Er rief seine Diener zu sich und vertraute ihnen sein Vermögen an. Dem einen gab er fünf Talente Silbergeld, einem anderen zwei, wieder einem anderen eines, jedem nach seinen Fähigkeiten. Dann reiste er ab.

Sofort begann der Diener, der fünf Talente erhalten hatte, mit ihnen zu wirtschaften, und er gewann noch fünf dazu. Ebenso gewann der, der zwei erhalten hatte, noch zwei dazu. Der aber, der das eine Talent erhalten hatte, grub ein Loch in die Erde und versteckte das Geld seines Herrn.

Nach langer Zeit kehrte der Herr zurück, um von den Dienern Rechenschaft zu verlangen. Da kamen sie alle und zeigten ihrem Herrn, was aus seinem Vermögen geworden war.

Zu den beiden ersten Dienern, die das Vermögen jeweils verdoppelt hatten, sagte er: Sehr gut, ihr seid tüchtige und treue Diener. Ihr seid im Kleinen treue Verwalter gewesen, ich will euch eine große Aufgabe übertragen. Kommt, nehmt teil an meiner Freude!

Zuletzt wandte er sich an den dritten Diener und sagte zu ihm: Du bist ein schlechter und fauler Diener! Hättest du mein Geld wenigstens auf die Bank gebracht, dann hätte ich es bei meiner Rückkehr mit Zinsen zurückerhalten. Darum nehmt ihm das Talent weg und gebt es dem, der die zehn Talente hat!

Denn wer hat, dem wird gegeben, und er wird im Überfluß haben; wer aber nicht hat, dem wird auch noch weggenommen, was er hat. Werft den nichtsnutzigen Diener hinaus in die äußerste Finsternis! Dort wird er heulen und mit den Zähnen knirschen.

Mt 25, 13-30; Kürzungen BK

Von Talenten redet in dieser Geschichte auch Jesus, allerdings spricht er von etwas ganz anderem als von unseren Fähigkeiten und Begabungen. Es geht in dieser Geschichte sehr viel unmittelbarer – um Geld. Ein Talent, das waren 6000 Drachmen. Und eine Drachme, das war der Lohn eines Taglöhners. Fünf Talente – das waren 30'000 Tageslöhne: eine Unsumme Geld.

Vertrauen im Überfluss

Soviel Geld vertraut dieser Mann seinen Dienern an. Mehr erfahren wir nicht. Offensichtlich hat er ihnen nicht gesagt, was genau sie damit machen sollen. Das ist ungewöhnlich genug. Warum hatte er so viel Vertrauen zu ihnen? Mit diesem Geld hätten alle mehr als ausgesorgt, selbst der, der nur ein einziges Talent bekommen hat. Einen klaren Auftrag für die Verwaltung dieses Vermögens erhalten sie nicht. Also nehmen sie es selber an die Hand – jeder nach den eigenen Vorstellungen.

Wer hat, dem wird gegeben

Was jetzt folgt im weiteren Verlauf der Geschichte, das klingt für mich wie eine Bebilderung unserer heutigen Welt: Wer Geld hat, bekommt mehr Geld, wenn er sich nicht ganz dumm anstellt und es vergräbt. Wer einmal Geld hat, kann es vermehren, auch ohne dafür etwas Besonderes leisten und einsetzen zu müssen. *Wer aber nicht hat, dem wird auch noch weggenommen, was er hat.*

Ja, genau so läuft es doch. Davon lesen wir täglich in der Zeitung. Nach diesem Grundsatz werden z.Zt. unsere Sozialsysteme umgestaltet, die doch einmal erfunden wurden, um Ausgleich und Solidarität zu schaffen. Wenn es nach gewissen Kreisen geht, sollen die Steuersysteme so verändert werden, dass reiche Einkommen und Vermögen weiter entlastet werden. Und weltweit erkennen wir diesen Mechanismus als direkte Folge des neoliberalen Wirtschaftens: *Wer hat, dem wird gegeben, und er wird im Überfluss haben; wer aber nicht hat, dem wird auch noch weggenommen, was er hat.*

Ich finde es unerträglich, diese Logik aus dem Mund Jesu zu hören. Wieso gerät denn dieser dritte Diener derart ins Abseits – bloss weil er nicht mitmacht bei diesem Spiel? Denn was hat er schon Böses getan? Er hat ja nicht etwa das Geld verprasst oder veruntreut oder so ungeschickt angelegt, dass alles verloren gegangen wäre. Er hat keine Schulden angehäuft. Er wollte doch nur auf Nummer Sicher gehen. Und am Schluss gibt er das Geld in vollem Umfang seinem rechtmässigen Besitzer zurück.

Doch das ist es nicht, was von ihm erwartet wurde.

Das Kapital Gottes

Offensichtlich liegt der springende Punkt in dieser Geschichte woanders. Möglichst unangetastet zurückzugeben, was uns geschenkt und anvertraut ist – darum geht es nicht. Und offensichtlich bebildert Jesus mit dieser Geschichte auch nicht unser Wirtschaften. Das Geld und der Umgang damit – das ist das Bild, um auf etwas anderes hinzuweisen: So wie das hier läuft zwischen diesem reichen Mann und seinen Dienern – so ist es mit dem Himmelreich, mit dem Reich Gottes.

Das Reich Gottes, das ist für Jesus das denkbar Kostbarste - Gottes Traum von einer Welt der Gerechtigkeit und der erfüllten Lebensmöglichkeiten für alle Menschen. Dafür hat Jesus gelebt, und für diesen Traum Gottes ist er gestorben.

Dieses Reich Gottes ist wie ein Kapital. Und es wird in die Hände der Menschen gelegt, es wird uns anvertraut. Mehr wird dazu nicht gesagt. Wir haben keinen klaren, genau definierten Auftrag, wie wir mit diesem Vermögen umgehen sollen. Gott schenkt uns einfach Vertrauen. Er rechnet fest damit, dass wir sein Reich des Friedens und der Gerechtigkeit nicht in Gleichgültigkeit vergraben. Er glaubt vielmehr an unsere Begabung, er baut auf unsere Phantasie, die damit und daraus etwas macht.

Die ersten beiden Diener der Geschichte haben das sehr genau begriffen. Sie haben verstanden, welche Wertschätzung ihr Herr ihnen entgegenbringt, wie viel er ihnen zutraut, dass er sie für fähige und ehrliche Leute hält, auf die er sich verlassen kann. Sie freuen sich über diese Aufgabe, denn sie schenkt ihnen Freiraum und Entfaltungsmöglichkeiten.

Gleichgültigkeit ist lebensfeindlich

Und genau daran scheitert der dritte Diener. Er erkennt gar nicht, was ihm da geschenkt ist. Das Eigentum seines Herrn ist ihm eigentlich egal. Er geht lieber kein Wagnis ein; er versteckt das Geld, rührt es nicht an und gibt es so zurück, wie er es empfangen hat. So kann ihm niemand etwas vorwerfen. Aber nicht eine mögliche Erfolglosigkeit wird am Schluss getadelt, sondern seine Gleichgültigkeit. Denn dieser dritte Diener, er hatte vergessen zu leben.

So ist es mit dem Reich Gottes. Es ist uns geschenkt, und zwar grosszügig und überschwänglich, damit wir leben. Was daraus wird, liegt an uns. Nicht Erfolglosigkeit wird uns zum Verhängnis, wohl aber Gleichgültigkeit dem Reich Gottes gegenüber, Gleichgültigkeit den volleren und lebendigeren Lebensmöglichkeiten gegenüber. Nur davor müssen wir uns hüten. Wir werden nicht zur Rechenschaft gezogen werden, wenn wir gescheitert sind mit diesem oder jenem Lebensentwurf. Aber wir müssen uns davor hüten, es gar nicht ausprobiert zu haben.

Denn das Reich Gottes, seine Lebensfülle, ist in uns selber angelegt. Wenn wir nutzen, was in uns ist, dann wird uns dazu gegeben, und wir werden wir im Überfluss haben – Lebensfreude und Lust am Ausprobieren, Genuss und Freundschaft, Liebe und Vertrauen.

Und so wünsche ich Ihnen einen guten Sonntag, an dem Sie vielleicht ein wenig graben – nach den wunderbaren Talenten, die in Ihnen angelegt sind, und nach dem Vermögen Gottes in Ihnen.

Amen.

Muttertag – ein frag-würdiger Tag

Gedanken einer Kinderlosen[14]

Liebe Hörerin, lieber Hörer

Heute ist Muttertag. Kein kirchlicher Feiertag, gewiss, und doch kommt wohl kaum jemand so richtig am ihm vorbei. Denn wir leben, weil eine Frau uns das Leben geschenkt hat und unsere Mutter geworden ist.

Doch dann fangen die Unterschiede auch schon an. Männer können nicht Mutter werden, und noch lange nicht jede Frau wird selber Mutter. So wie ich. Ich habe keine Kinder. Was fange ich an mit diesem Mutter-Tag?

Zunächst einmal, ganz vordergründig: Ich brauche Bastelarbeiten nicht schön finden, zumal ich weiss, dass die Kleinen sie doch nur angefertigt haben, weil ihre Kindergärtnerin das so wollte. Ich bin nicht gezwungen, bis zehn vor elf im Bett liegen zu bleiben, bloss weil erst dann der Kaffee fertig ist. Ich muss nicht glücklich sein.

Der Muttertag, Sie merken es, ist für mich ein frag-würdiger Tag, und ich freue mich, wenn Sie, liebe Hörerin und lieber Hörer, mich bei meinem Fragen kritisch begleiten.

Muttertag contra Frauentag?

Warum kennen eigentlich alle den Mutter-Tag und lassen mindestens der eigenen Mutter eine Aufmerksamkeit zukommen, der internationale Frauentag am 8. März hingegen findet kaum Beachtung? Liegt das daran, dass so ganz andere Gefühle damit verbunden sind – und vielleicht weniger Gefühle als vielmehr Denken gefordert ist, Analysefähigkeit, gesellschaftliches Engagement, Durchsetzungskraft, Ungeduld und Hartnäckigkeit?

[14] Predigt gesendet am 14. Mai 2006

Für solche Fähigkeiten werden Mütter jedenfalls nicht geehrt am Muttertag. Geehrt werden sie nur für ihre Aufopferung, ihre Hingabe, ihren Verzicht - und für viel Arbeit. Oder haben Sie schon mal ein Kindergedicht gehört, dass die messerscharfe Intelligenz der Mutter besingt oder ihre Sportlichkeit bei den täglich neuen Versuchen, Erwerbs- und Familienarbeit unter einen Hut zu bringen?

Also: Muttertag contra Frauentag? Ja, aber gerade nicht, um Mütter und Nicht-Mütter gegeneinander auszuspielen, sondern um dranzubleiben an der Frage, was uns denn wirklich nährt und lebendig macht.

Hilfe, wir sterben aus!

Heute feiern wir Muttertag in einer Zeit aufgeregter Debatten, die erschreckt ausrufen: Wir sterben aus! Frauen werden nicht mehr Mütter! Wer soll unsere Renten bezahlen? Nicht-Mütter finden sich flugs auf der Anklagebank wieder, weil sie anscheinend so gar nichts beitragen zur Zukunftssicherung, egoistisch seien sie und verantwortungslos.

Der Muttertag - geeignet, um Nicht-Müttern ein schlechtes Gewissen zu machen? Dabei könnte man ja ebenso gut fragen, warum Politik und Wirtschaft nicht erfinderischer sind, um die Altersversorgung anders und neu zu regeln.

Ich möchte den Muttertag zum Anlass nehmen, um dranzubleiben an der Frage, was wir wirklich brauchen, um zukunftsfähig zu werden – und nicht, um wieder alle Verantwortung den Frauen aufzubürden.

Und die Kosten!

Am Muttertag werde ich auch deshalb nachdenklich, weil ich weiss, dass Kinder zu haben auch in unseren hoch entwickelten und sehr reichen Gesellschaften eines der grössten Armutsrisiken ist. Noch immer fehlt es uns an genügend familienergänzenden Betreuungseinrichtungen.

Noch immer bedeutet die Geburt eines Kindes – und das lässt sich statisch belegen - für Frauen einen Karriereknick, während sie für Männer in der Regel mit einem Karrieresprung verbunden ist, weil sich spätestens mit der Geburt des ersten Kindes – statistisch gesehen – die herkömmliche Rollenteilung wieder durchsetzt.[15]

Der Muttertag lässt mich also nach den Kosten fragen, danach, wer draufzahlt und für wen es sich auszahlt. Sie sind nicht einfach zu beantworten, aber ich möchte dranbleiben an diesen Fragen um der Gerechtigkeit willen.

Kein eigenes Wort – kein eigener Wert?

Am Muttertag wird mir bewusst, dass es kein eigenes Wort gibt dafür, wie ich mich in der Welt verstehe, wie ich meine Fähigkeiten und Potentiale erlebe. Kinderlos – dieses Wort benennt einen Mangel, etwas Fehlendes. Ich möchte mich aber nicht über ein Defizit definieren, weil ich mein Leben nicht als defizitär erfahre. Aber für das so Eigene meiner Lebensform und meines Lebensgefühls, für die Möglichkeiten und die Schwierigkeiten gibt es kein eigenes Wort in unserer Sprache. Warum ist das so? Ich möchte dranbleiben an dieser Frage, weil ich fürchte, dass das fehlende Wort auch den fehlenden Wert anzeigt.

Unfreiwillig kinderlos

Dabei vergesse ich nicht, dass nicht alle Frauen, die keine Kinder haben, das bewusst so gewählt haben und sich an dieser Lebensform freuen können. Heute am Muttertag denke ich deshalb auch an Frauen und Paare, die sich so sehnlichst ein Kind wünschen, aber kein Kind bekommen können. Ich denke an ihre brennende Sehnsucht, an den Stress, der entstehen kann, um

---

[15] Angaben im Artikel von Susie Reinhardt, Die Kinderlose – eine karrieregeile Zicke? in: FAMA Feministisch-theologische Zeitschrift 4/2005 (November 2005)

medizinische Programme abzuspulen, an die Belastung, die dadurch auf mancher Partnerschaft liegt.

Und ich denke an Frauen und Paare, die ein Kind verloren haben, vielleicht lange vor der Geburt, vielleicht kurz nach der Geburt, ich denke an Frauen, die sich bewusst gegen ihr Kind entschieden haben – wie mag es all diesen Frauen gehen, heute am Muttertag?

Dranbleiben

Der Muttertag – für mich ein frag-würdiger Tag. Als Theologin frage ich natürlich auch nach Spuren in der biblischen Tradition.

Mutterschaft und Kinderlosigkeit – das sind selbstverständlich Themen der Bibel, wie alle grossen Menschheitsthemen. Kinderlosigkeit wird in der Bibel fast immer als Quelle grossen Unglücks beschrieben. Denn Kinder zu haben ist zu biblischen Zeiten ja zunächst einfach eine Überlebensfrage, eine ökonomische Notwendigkeit. Mutterschaft und Kinderlosigkeit entscheiden jedoch auch über Ansehen und Würde der Frau. Ich denke z.B. an Sara und Abraham und an Hagar – und das Drama, das sich in dieser Dreiecksgeschichte abspielt.

Es gibt die grossen biblischen Mütter, doch ich entdecke Mütterlichkeit nicht nur bei leibhaftigen Müttern, sondern auch als göttliche Eigenschaft. Meine evangelisch-methodistische Kollegin Andrea Brunner wird dieser Spur in ihrer Predigt nachgehen, die Sie anschliessend hören können.

Für meine Fragen habe ich ein Bild gefunden, das zunächst gar nicht mütterlich oder fraulich scheint, das für mich aber doch viel von mütterlicher und weiblicher Qualität ausdrückt. Es ist das Bild vom Weinstock und den Reben, das der Evangelist Johannes Jesus in den Mund legt:

Ich bin der wahre Weinstock ….. Bleibt in mir, dann bleibe ich in euch. Wie die Rebe aus sich keine Frucht bringen kann, sondern nur, wenn sie am Weinstock bleibt, so könnt auch ihr keine Frucht bringen, wenn ihr nicht in mir bleibt. Ich bin der Weinstock, ihr seid die Reben. Wer in mir bleibt und in wem ich bleibe, der bringt reiche Frucht; denn getrennt von mir könnt ihr nichts vollbringen. Joh 15, 1.4-5

Das Bild ist klar und eindeutig: Eine Rebe kann nicht sein ohne ihre Verbindung zum Weinstock. Sonst verdorrt sie. Fast paradox mutet da die Mahnung an, diese Verbindung nur ja nicht aufzugeben – so als könnte sich die Rebe auch anders entscheiden und sich vom Weinstock trennen.

Doch offensichtlich war Jesus dieses „Dranbleiben“ so wichtig, dass er es seinen Jüngerinnen und Jüngern zum Abschied als eindringliche Mahnung, fast beschwörend mit auf den Weg gegeben hat: *Bleibt in mir, dann bleibe ich in euch. Getrennt von mir könnt ihr nichts vollbringen*.

Offensichtlich ist das lebens-wichtig: dranzubleiben an der Quelle, die mich nährt, das nicht aufzugeben, was mir Lebensenergie schenkt - als Mutter oder als Frau ohne Kinder. Wichtig ist es, dranzubleiben an den Fragen, die sich mir in meinem Leben auftun, dranzubleiben an der Suche nach dem Lebensplan, den Gott sich für mich ausgedacht hat. Denn so wie die Rebe gar nicht anders kann als am Weinstock zu bleiben, so kann ich gar nicht anders als in dieser Verbindung zu bleiben zum göttlichen Plan für mein Leben.

Und: Es gibt keinen Weinstock mit nur einer einzigen Rebe. Die eindringlichen Worte Jesu lassen mich erkennen, dass ich nicht allein bin an diesem Weinstock. Es gibt andere, die an ähnlichen Fragen hängen. Dranzubleiben kann heissen, Gemeinsames zu entdecken, Verbündete zu finden im Suchen nach einer gerechten, nach einer mütterlich umsorgenden Welt, die Frauen und Männer und Kinder aufrecht gehen lässt.

Wer in mir bleibt und in wem ich bleibe, der bringt reiche Frucht. Wenn wir also dranbleiben an dem, was uns leben lässt, was uns immer wieder neue Energie gibt und Lebensfreude, dann werden wir fruchtbar sein für unsere Welt – als Frauen und als Männer, als Mütter und als Nicht-Mütter.

Und so wünsche ich Ihnen einen wunderbaren Sonntag, voll fruchtiger Frische!

„Ihr seid ein Brief Christi"

Gedanken zu 2 Kor 3, 1b - 6[16]

Liebe Hörerin, lieber Hörer

Heute kommt er nicht, denn heute ist Sonntag. An allen anderen Tagen der Woche weiss ich, wann er kommt. Der tägliche Gang zum Briefkasten ist immer ein wenig mit Spannung verbunden. Dabei brauche ich meistens nicht lange, um die Post, die mir der Briefträger gebracht hat, durchzusehen. Das meiste erkenne ich auf den ersten Blick: mehr oder weniger peppig aufgemachte Werbung, die geradewegs ins Altpapier wandert, auch die meisten Bettelbriefe landen unbesehen dort. Die unvermeidlichen Rechnungen sind ebenfalls schnell erkannt, und jene Couverts, die mir spätestens durch ihren Absenderstempel verraten, dass es sich um Dienstliches handelt. Bunte Postkarten erzählen von Ferien, an denen Freundinnen mich teilhaben lassen. Wieder andere Couverts verraten schon durch ihren schwarzen Rand die traurige Nachricht.

Und dann gibt es - selten zwar, aber es gibt sie -, jene Briefe, die mehr versprechen. Couvert und Briefbogen sind von Hand beschrieben, und diese persönlichen Briefe lese ich zuerst – oder ich bewahre sie bewusst auf für einen besonderen Moment im Tagesablauf. Denn in ihnen steckt mehr als blosse Mitteilung. Der oder die Schreibende teilt mir mit, was sie in der letzten Zeit beschäftigt, was ihm Freude oder Ärger bereitet hat. Ich darf Einblick nehmen in ganz Persönliches. Manchmal erhalte ich Antwort auf das, was ich in meinem letzten Brief mitgeteilt hatte - ein anregender Austausch von Gedanken und Gefühlen. Darin wird die Person, die Persönlichkeit, das Innerste der schreibenden Person erkennbar, sie selber wird entzifferbar durch die Buchstaben hindurch.

[16] Predigt gesendet am 26. Februar 2006

Manchmal kommt es vor, da kann ich einen persönlichen Brief nicht so schnell lesen, denn die Handschrift, mit der dieser Brief geschrieben wurde, ist ein wenig mühsam, und manches Wort muss ich Buchstabe für Buchstabe entziffern.

Einen sehr persönlichen Brief möchte ich Ihnen, liebe Hörerin, lieber Hörer, heute vorlesen. Allerdings bin nicht ich die Verfasserin, sondern der Apostel Paulus. Er schreibt in seinem zweiten Brief an die Gemeinde in Korinth:

> *Brauchen wir - wie gewisse Leute - Empfehlungsschreiben an euch oder von euch? Unser Empfehlungsschreiben seid ihr; es ist eingeschrieben in unser Herz, und alle Menschen können es lesen und verstehen. Unverkennbar seid ihr ein Brief Christi, ausgefertigt durch unseren Dienst, geschrieben nicht mit Tinte, sondern mit dem Geist des lebendigen Gottes, nicht auf Tafeln aus Stein, sondern - wie auf Tafeln - in Herzen von Fleisch.*
>
> *Wir haben durch Christus so großes Vertrauen zu Gott. Doch sind wir dazu nicht von uns aus fähig, als ob wir uns selbst etwas zuschreiben könnten; unsere Befähigung stammt vielmehr von Gott. Er hat uns fähig gemacht, Diener des Neuen Bundes zu sein, nicht des Buchstabens, sondern des Geistes. Denn der Buchstabe tötet, der Geist aber macht lebendig.* (2 Kor 3, 1b-6)

Paulus sagt den Leuten in Korinth, sie seien Briefe für ihn; Briefe, die ihm sozusagen ins Herz geschrieben sind und am Herzen liegen. *Ihr* seid mein Empfehlungsschreiben. Damit spielt Paulus auf ganz konkrete Erfahrungen der Leute in Korinth an. Er hatte diese Gemeinde ja einst gegründet, und er blieb auch nach seiner Abreise in regem Austausch mit ihr verbunden. Es war eine Gemeinde, die von grossen Auseinandersetzungen geprägt war, die sich immer wieder zusammenraufen musste. Und es gab offensichtlich auch solche, die das, was Paulus aufgebaut hatte und was er theologisch verkündigte, mies machen wollten. Ja, diese Leute waren sogar aufgetreten mit Empfehlungsschreiben von der Jerusalemer Urgemeinde, in der Hoffnung, so die Autorität des Paulus untergraben und seinen Einfluss unterlaufen zu können.

Paulus kontert nun, indem er sagt: Ich brauche keine Empfehlungsschreiben, von wem auch immer, denn *ihr* seid mein Empfehlungsschreiben. Aber nicht etwa ich habe diesen Brief geschrieben, sondern ihr seid ein Brief Christi, also ein Brief, den Jesus Christus selber geschrieben hat. Und als müsste er es noch präzisieren, fügt Paulus hinzu: Ihr seid nicht mit Tinte geschrieben und nicht in Stein gehauen. Mit seinem lebendigen Geist hat Gott direkt in eure Herzen hineingeschrieben.

Ihr seid nicht nur mein Empfehlungsschreiben, sondern auch Briefe für die Öffentlichkeit, Briefe von Christus, nicht mehr und nicht weniger. An euch können alle ablesen, was Jesus mit dieser Welt im Sinn hat, was Gott dieser Welt zu sagen hat.

Ich weiss natürlich nicht, wie dieser Brief, diese Passage des Briefes auf die Leute im antiken Korinth gewirkt hat. Aber es interessiert mich, wie denn wir diesen Brief des Paulus hören.

Zunächst höre ich das ganz persönlich für mich. Ich – ein Brief von Christus? An mir soll ablesbar sein, was Jesus, was Gott zu sagen hat?

Ich bin erschrocken. Nein, das kann nicht sein! Das ist eine Nummer zu gross für mich! Das ist ein ungeheurer Anspruch, und ich spüre die lastende Verpflichtung. Was Gott will, das soll an mir, an meinem Leben entziffert werden können? Dem kann ich nie und nimmer gerecht werden, daran kann ich nur scheitern.

Aber auch das spüre ich: Dieser Satz stärkt mich und richtet mich auf. Ich soll ein Brief Christi sein, und Gott traut mir das zu! Mir mit meinen Ecken und Macken, mit meiner schlechten Laune und Nervosität, mit meiner Art zu reden und zu handeln und mich zu verhalten! Mir traut Gott das zu, weil er offensichtlich um die Potentiale weiss, die in mir stecken. Meine Hoffnung rüttelt er wach mit einem solchen Zuspruch, und meinen Mut für Morgen. Auf den krummen Zeilen meines Lebens und meiner Biographie kann Gott gerade und leserlich schreiben – unverkennbar für alle Menschen.

„Ihr *seid* ein Brief Christi!", heisst es, und nicht: Ihr sollt einer werden, ihr sollt euch anstrengen, damit ihr dann irgendwann einmal ein solcher Brief seid. Nein, ihr *seid* ein Brief Christi. Jetzt schon, heute, sind wir ein Brief Christi, den Gott in unser Herz geschrieben hat, nicht mit Tinte, sondern mit dem lebendigen Geist. Jetzt schon, heute, können es die Menschen lesen und verstehen.

Paulus hat seinen Brief an diese schwierige Gemeinde in Korinth gerichtet. Deshalb höre ich auch heute diesen Zuspruch nicht nur persönlich. Ich höre, dass dieser Zuspruch auch heute der Gruppe der Christinnen und Christen gesagt ist. Auch heute sollen christliche Gemeinschaften solche entzifferbaren Briefe Christi sein. An der Art, wie sich Christinnen und Christen heute verhalten, soll alle Welt ablesen können, was Gott uns sagt.

Was aber kann „die Welt" heute an Christinnen und Christen ablesen? Was steht da geschrieben in diesen Briefen Christi, und was kann man erkennen sozusagen „auf den ersten Blick" wie bei der Post, die ich aus dem Briefkasten hole? Lässt sich an heute lebenden Christinnen und Christen die Grosszügigkeit Gottes ablesen, ihre verschwenderische Liebe, dass Gerechtigkeit und Friede sich küssen, wie es Psalm 85 sagt? Ist da etwas spürbar von diesem lebendigen Geist Gottes, der die Welt so ganz anders träumt als sie heute ist?

Vermutlich ist da Unterschiedliches zu erkennen. Manchmal macht es Mühe, das eine oder andere auch wirklich als Handschrift Christi zu entziffern. Natürlich begegnet da auch viel toter Buchstabe. Wie gerne würden wir z.B. gerade in kirchenamtlichen Verlautbarungen mehr davon spüren, dass sie den Geist des lebendigen Gottes atmen. Wie oft vermissen wir bei

Menschen, die sich christlich nennen, dass sie als Briefe Christi auftreten und nicht mehr durchschimmern lassen von der Liebe Gottes.

Doch wenn ich darüber nachdenke, wie ich selber die Handschrift Gottes in dieser Welt erkannt habe - da und dort -, dann waren und sind es bis heute doch immer Menschen, an denen ich das ablesen konnte und kann. Manchmal ist das nicht so einfach, manchmal ist die Handschrift mühsam zu lesen, mitunter muss ich ein Wort Buchstabe für Buchstabe entziffern. Aber die, die mich am meisten beeindruckt und am stärksten geprägt haben, das waren nicht solche, die ohne Fehler und über jeden Zweifel erhoben gewesen wären, auch nicht solche, die 100%ig überzeugt waren. Es waren Menschen, die mir in einem entscheidenden Moment meines Lebens über den Weg gelaufen sind – wie man so sagt – und an deren Lebensstil und Lebenshaltung ich etwas Wichtiges für mein eigenes Leben ablesen konnte. Es waren und sind Menschen, die sich für etwas stark machen; Menschen, an denen ich ablesen kann, was ihre Herzenssache ist. Es waren und sind Menschen, die durchscheinend sind auf die Grosszügigkeit und die Gerechtigkeit Gottes hin. Ja, und manchmal gibt es auch Menschen, die sind wie glühende Liebesbriefe Gottes, geschrieben nicht mit Tinte, sondern mit dem lebendigen Geist.

Wer gehört dazu?

Gedanken zu Mk 9, 38-41 und Num 11, 25-29[17]

Liebe Hörerin, lieber Hörer

Als Kind und Jugendliche war ich bei der Pfadi. An dem Ort, an dem ich aufgewachsen bin, gab es noch andere Jugendvereine. Das bedeutete Konkurrenz, und deshalb waren wir darauf bedacht zu markieren, wer denn nun dazu gehört *zu uns* und wer nicht. Diese Zugehörigkeit hatte ihren sichtbaren Ausdruck in der Tracht, wie das damals bei uns hiess: hellblaues T-Shirt mit aufgedrucktem, dunkelblauen Kleeblatt und dunkelblaues Halstuch. Die so aussahen, die gehörten *zu uns*, die anderen nicht.

Neben dieser sichtbaren Zugehörigkeit war es uns natürlich auch vollkommen klar: Was *wir* machen und wie wir es machen, das ist gut. Eigentlich ist es sogar noch besser als das, das die anderen machen. Jedenfalls ist es etwas ganz Besonderes, *zu uns* zu gehören.

Vermutlich sind Ihnen, liebe Hörerin und lieber Hörer, jetzt beim Zuhören ähnliche Situationen in den Sinn gekommen. Wir gehören ja alle irgendwo dazu – zum Teil sichtbar mit Uniform, Parteiabzeichen oder Identitätskarte, zum Teil nicht ganz so offen-sichtlich, aber dennoch recht wirksam. Oder haben Sie sich noch nie dabei ertappt, dass Sie im Tram oder im Zug gesessen und die Mitreisenden eingeteilt haben in solche, die *zu uns* gehören und in die anderen? Die Kriterien dafür können natürlich ganz unterschiedlich sein – Hautfarbe oder Kleidung oder Gerüche oder ein bestimmtes Verhalten, das mir vertraut und deshalb „zugehörig“ erscheint oder aber fremd und anders und also nicht *zu uns* gehörend.

[17] Predigt gesendet am 1. Oktober 2006

Solche Grenzziehung ist in gewisser Weise verführerisch. Denn sie gibt Sicherheit vor; wenn ich dazugehöre, bin ich auf der richtigen Seite. Und sie ist einfach. Denn sie entlastet mich von der Mühe des Selber-Denkens. Ich kann mich an das halten, das *bei uns* gilt, dann bin ich auf der sicheren Seite.

Vielleicht sind Ihnen jetzt auch Situationen in den Sinn gekommen, in denen dieses „*zu uns* gehören" aufhört, harmlos zu sein. Von solchen Grenzziehungen lebt jeder Krieg, und jede Politik der Ausgrenzung wird so mehrheitsfähig. Denn sie ist verführerisch, und sie ist einfach. Man kann dann beispielsweise gegen geplante Minarette Sturm laufen und sie mit allen Mitteln versuchen zu verhindern, nur weil sie scheinbar nicht *zu uns* gehören.

Das halte ich für besonders tragisch, dass diese Trennung zwischen denjenigen, die *zu uns* gehören, und den anderen, denen wir argwöhnisch misstrauen, dass diese Trennung zwischen den verschiedenen Religionen und bis in unsere christlichen Kirchen hinein unheilvoll wirksam ist: Wie viel offene oder subtile Ausgrenzung gibt es dadurch, und wie schmerzhaft ist es, wenn z.B. nur, wer *zu uns* gehört, an der Kommunion teilnehmen darf.

Und deshalb finde ich es auch gar nicht tröstlich, dieses Verhalten und solche Revierabsteckung schon bei den engsten Weggefährten und Weggefährtinnen Jesu festzustellen:

> *Eines Tages* – berichtet der Evangelist Markus - *war Johannes zu Jesus gekommen, und er erzählte ihm wohl nicht ohne einen gewissen Stolz: Meister, wir haben gesehen, wie jemand in deinem Namen Dämonen austrieb; und sofort haben wir versucht, ihn daran zu hindern, weil er uns nicht nachfolgt.* (Mk 9,38)

Wie kann sich jemand erdreisten, so mag Johannes gedacht haben, im Namen Jesu zu reden und zu handeln, wenn er doch gar nicht *zu uns* gehört! Unausgesprochen schwingt da mit, dass, wer *zu uns* gehört, gut ist und das Gute will. Und wer nicht *zu uns* gehört, der kann es nicht gut meinen. Egal was er tut - tut er es nicht in *unserer* Gruppe, dann muss man dagegen sein.

Wir müssen uns das einmal vorstellen! Die das sagen, das waren dieselben, die kurz zuvor einen kranken Jungen nicht haben heilen können. Genau sie wollen jetzt jemandem verbieten, heilsam und hilfreich tätig zu sein, bloss weil er nicht dazugehört! Lieber sollen die Menschen leiden, als dass dieser Mann weiterhin im Namen von Jesus tätig ist.

Hier greift Jesus ein:

> *Hindert ihn nicht! Denn keiner, der in meinem Namen Wunder tut, kann so leicht schlecht von mir reden. Und wer nicht gegen uns ist, der ist für uns.* Mk 9, 39-40

Wie Johannes wohl darauf reagiert hat, auf dieses *„Wer nicht gegen uns ist, der ist für uns*“? War er überrascht? Hast es ihm die Sprache verschlagen? Wurde er wütend, oder eher nachdenklich?

Für mich ist das eines jener Jesusworte, die mich so faszinieren, weil sie der Geschichte eine unerwartete und überraschende Wendung geben. Denn durch seine Antwort unterbricht Jesus dieses Spiel von Abgrenzen und Ausgrenzen, von Verdacht und Misstrauen, Vorurteil und Missgunst. Jesus will den Dünkel der Jünger durchbrechen und ihnen die Augen öffnen. Und so endet diese kleine Episode mit dem Satz:

> *Wer euch auch nur einen Becher Wasser zu trinken gibt, weil ihr zu Christus gehört – amen, ich sage euch: er wird nicht um seinen Lohn kommen.* Mk 9,41

Daraus sprechen eine ansteckende Grosszügigkeit und ein weiter Blick. Dazu möchte Jesus uns anstiften. Wer nicht gegen uns ist, ist für uns – und hat uns vielleicht einiges voraus. Vielleicht können wir ja bei anderen lernen. Vielleicht entdecken wir dann ganz viel Gutes, das wir bisher übersehen haben. Vielleicht können wir uns sogar mit ihnen zusammentun und so mehr erreichen als allein, weil wir dann kraftvoller und überzeugender sind. Wenn wir aufhören ängstlich zu fragen, ob diese oder jener auch wirklich *zu uns* gehören, wenn wir vielmehr anfangen, aus dem Blickwinkel Jesu heraus sehen zu lernen, dann werden uns die Augen aufgehen, und unser Herz wird weit werden.

Denn wer einem anderen auch nur einen Becher Wasser reicht, wer ihm auch nur ein wenig mehr zum Leben verhilft, der wird seinen Lohn erhalten, die dient der gemeinsamen Sache, auch wenn sie nicht meinem Verein, meiner Partei, meiner Kirche angehört.

Diese Episode erinnert an eine ganz ähnliche Geschichte aus dem ersttestamentlichen Buch Numeri. Dort wird von Mose erzählt. Mose hatte ja so seine liebe Mühe mit diesem Volk, das er durch die Wüste führen sollte. Als er fast aufgeben will, gibt ihm Gott den Auftrag, 70 Menschen auszuwählen, auf die Verlass war. Sie sollten ihm in Zukunft zur Seite stehen.

> *Diese Menschen, die Mose zum Begegnungszelt gerufen hatte, wurden von der Geistkraft Gottes beflügelt. So konnten sie gemeinsam für das Volk sorgen und sich gegenseitig mit ihrer Begeisterung anstecken. Auch Eldad und Medad, die im Lager geblieben waren, wurden von der Geistkraft berührt und legten die Worte Gottes aus, wie es Prophetinnen und Propheten tun. Einige Leute, allen voran Josua, der für Mose arbeitete, seit er ein junger Mann war, forderten von Mose, etwas gegen Eldad und Medad zu unternehmen und sie an ihrem Tun zu hindern. Mose aber entgegnete: „Was willst du, Josua? Verteidigst du etwa deine Machtstellung? Was gäbe ich darum, wenn das ganze Volk ein Volk von Prophetinnen und Propheten wäre, die in der Geistkraft Gottes redeten!“* Num 11, 25-29

Auch hier wird ein Versuch geschildert, diejenigen auszugrenzen, die nicht ganz dazugehören, die eigenständig handeln und sich nicht so ohne weiteres einbinden lassen. Offensichtlich gehört das zu uns Menschen, dass solche Eigenständigkeit anderer bei uns ängstliche Abwehrreaktionen auslöst: *Mose, tu etwas dagegen, hindere sie an ihrem Tun.*

Aber auch hier: Mose weist die Forderung zurück. Zudem entlarvt er sie: *Was steckt wirklich dahinter, Josua, wenn du so reagierst? Verteidigst du etwa deine Machtstellung?* Schauen wir also genau hin, wenn uns jemand weismachen will, dieses oder jenes gehöre nicht *zu uns*, sei nicht schweizerisch, nicht gut katholisch oder was auch immer. Trauen wir uns nachzufragen, was wirklich dahinter steckt hinter solchen Forderungen nach Abgrenzung und Ausschluss. Und scheuen wir vor allem nicht die Mühe, selber zu denken und eigenständig zu handeln - auch wenn das zunächst anstrengender erscheint und auch, wenn das ziemlich sicher jene auf den Plan ruft, die uns dann verdächtigen, nicht mehr richtig dazuzugehören.

Aber wir befinden uns dann in guter Gesellschaft. Schon Mose hat für diese offene Perspektive geworben: *Was gäbe ich darum, wenn das ganze Volk ein Volk von Prophetinnen und Propheten wäre, die in der Geistkraft Gottes redeten!* Das ist eine geradezu subversive Perspektive. Doch Mose scheint nicht die geringste Befürchtung zu haben, dass damit seine Autorität untergraben oder irgendetwas schlecht laufen würde. Vielmehr scheint er zu wissen, wie befreiend diese Perspektive ist, wie viele Kräfte sie freisetzt, was alles möglich wird, wenn Menschen der Geistkraft Gottes vertrauen.

Auch Jesus stellt sich in diese Tradition, die nicht ausgrenzt, sondern befreit. *Wer nicht gegen uns ist, der ist für uns.*

In welche Tradition stellen wir uns?

Ich male mir aus, wie das wäre, *wenn wir alle ein Volk von Prophetinnen und Propheten wären, die in der Geistkraft Gottes redeten und handelten*........... Heute können wir damit anfangen!

Ich wünsche Ihnen einen guten Sonntag voll offener Perspektiven!

„Als ich die Zärtlichkeit Gottes erzählen wollte“

Gedanken zu einem Gedicht von Dorothee Sölle[18]

Liebe Hörerin, lieber Hörer

Advent! Für viele ist das immer noch eine märchenhafte, eine verzauberte Zeit mit besonderen Düften, Kerzenschein, mit all dem Geheimnisvollen, das in der Luft liegt. Mindestens den Wunsch, dass es so sei – verzaubert, geheimnisvoll und märchenhaft – zumindest diesen Wunsch hegen viele Menschen jetzt in der Adventszeit. Und wie keine andere Zeit im Jahr weckt der Advent Erinnerungen an die Kindheit in uns. Gewisse Rituale halten sich hartnäckig bis ins Erwachsenenalter - so wie wir das vor wenigen Tagen wieder erlebt haben, als in manchen Familien, in Kindergärten und auch Gottesdiensten der Samichlaus, wie man in Bern sagt, zu Besuch war.

Ich bin immer wieder erstaunt zu beobachten, wie vielen Eltern es wichtig ist, ihre Kinder im Glauben zu lassen, dass es wirklich der Samichlaus sei, der da komme und all die guten Sachen bringe. Möglichst lange sollen die Kinder in dieser märchenhaften Vorstellung bleiben können – sie erfahren die Wahrheit dann noch früh genug. Wenigstens als Kinder sollen sie noch dran glauben können.

Was da mitschwingt als Vermutung oder auch Erfahrung, ist, dass uns der Glaube später abhandenkommt - wenn wir erwachsen werden, wenn sich unser Verstand und unsere Skepsis entwickeln, wenn wir mit den nüchternen Fakten umgehen lernen müssen und mit den Realitäten dieser Welt, die ja ganz und gar nicht zauberhaft sind.

[18] Predigt gesendet am 10. Dezember 2006

Aber die Kinder, die sollen noch dran glauben und sich verzaubern lassen. Und der Advent mit all seinen Ritualen, den Düften und dem Kerzenschein vermag auch in manchen Erwachsenen die Sehnsucht nach dieser verlorenen Kindheit wachzurufen – nach einer Zeit, als uns Märchen noch verzaubern konnten und wir leicht geglaubt haben.

Sie merken es, liebe Hörerin und lieber Hörer, ich habe meine liebe Mühe mit diesem Verständnis von Glauben. Denn für mich heisst glauben nicht, einer Illusion aufzuhocken, genauso wie glauben für mich nicht einfach nur Kindersache ist. Nüchtern und wach durch's Leben gehen und glauben, bewusst glauben und fasziniert-Sein, offen gegenüber dem Geheimnisvollen - das schliesst sich meiner Erfahrung nach keineswegs gegenseitig aus.

Im Advent erwarten wir die Geburt Gottes im Menschen. Das ist nun in der Tat nicht einfach zu glauben. Gott, die Lebendige, wird Mensch, verbindet sich mit uns und mit unserem Geschick auf die denkbar engste und innigste, auf zärtlichste Weise.

Was gibt es Faszinierendes als diese Vorstellung?

Und was, wenn nicht diese Vorstellung, ist geheimnisvoll und verzaubernd - und im gleichen Augenblick desillusionierend, nüchtern und fordernd?
Ich habe bei Dorothee Sölle, dieser grossen Theologin und Schriftstellerin, einen Text gefunden, der genau diese Spannung ausdrückt. Dorothee Sölle hat ihm den Titel „Märchentagung" gegeben:

> ***Märchentagung*** [19]
> *Als ich die zärtlichkeit gottes erzählen wollte*
> *musst ich die ältesten märchen bemühen*
> *von der nachtigall die so singt dass alle von*
> *sinnen kamen*
> *nicht hier nicht hier*

[19] Zitiert aus: Licht in der Finsternis. Texte zur Weihnacht. Hrsg. von Ursula Baltz-Otto. Patmos-Verlag 2005

Als ich die zärtlichkeit gottes mitteilen wollte
hab ich zugehört hab ich geschwiegen
hab ich leiser gesprochen
nicht hier nicht hier
Als ich die zärtlichkeit gottes austeilen ging
sah ich den unglauben auf zwei gesichtern
eines mannes und eines mädchens
ganz langsam schmelzen
ob du es glaubst oder nicht
das war hier
das war hier

Dorothee Sölle beschreibt, dass es kein Leichtes ist, von Gott zu erzählen. Wir müssen *älteste Märchen* - wie sie sagt - bemühen, wir müssen biblische Erzählungen auf ihre Wahrheit hin abklopfen, Bilder hervorsuchen, die uns beflügeln – *von der nachtigall, die so singt, dass alle von sinnen kamen* oder von einer Geburt, mitten in der Nacht, ganz am Rand.

Vorstellungen sind das, die uns *leiser sprechen* lassen, denn wir ahnen, dass da eine Wahrheit ist. Greifen und benennen können wir sie nicht - *nicht hier.* Unentrinnbar gehört diese Erfahrung zum Glauben: dass er nicht leicht zu haben ist.

Es ist kein Leichtes, von Gott zu erzählen. Nur erahnen können wir sie, vielleicht leise wahrnehmen, als Zärtlichkeit. Zerbrechlich und gefährdet wie jede Zärtlichkeit, so nähert sich Gott. Und es gehört zur Erfahrung des Göttlichen, dass es sich immer wieder entzieht. Gerade dann, wenn es zum Greife nahe scheint, merken wir: *nicht hier nicht hier.* So leicht ist Gott nicht zu haben.

Aber wie jede Zärtlichkeit, so ist auch die Zärtlichkeit Gottes kein Märchen, das man irgendwann einmal hinter sich lässt, wenn man erwachsen wird. Jede Zärtlichkeit macht uns stark, und wir können es wagen, kritisch zu fragen und mutig zu hinterfragen. Jede Zärtlichkeit lässt uns aufrecht gehen, damit wir mit nüchternem, realistischem Blick die Welt sehen lernen.

Und dann wird's konkret. Dann stellen sich Fragen, die sich auch im Advent mit allem Glitzerlicht nicht ausblenden lassen: Wieso es nichts wird mit dem Frieden auf Erden, warum der Hunger kein Ende nimmt, das Elend nicht und nicht die Gewalt, woher diese masslose Gier kommt, warum wir Menschen scheinbar einwilligen und bereitwillig mitmachen bei der Zerstörung unseres ureigenen Planeten, unserer Lebensgrundlage. Die Liste ist endlos.

Angesichts dieser Realität empfinden viele Menschen die biblischen Geschichten von Hirten und Engeln, von der Geburt eines göttlichen Kindes wie Märchen aus alten Tagen. Sie sind vielleicht geeignet, uns in Stimmung zu bringen, so wie „Stille Nacht“ in keinem Weihnachtsgottesdienst fehlen darf. Sie tun gut, um ein wenig zu vergessen, wie die Welt um uns herum aussieht. Doch mit der Wirklichkeit, so vermuten sie, haben diese Geschichten und Bilder nichts zu tun. Die Wirklichkeit ist nüchterner. Und konkret.

Dabei ist die Botschaft gerade der biblischen Weihnachtsgeschichten ausgesprochen konkret und geradezu schockierend nüchtern. Erst unsere bürgerliche Stimmungs-Weihnacht hat daraus ein Hirten*idyll* gemalt. Im Palästina zur Zeit Jesu waren Hirten und Hirtinnen hart arbeitende, verachtete Menschen ganz am gesellschaftlichen Rand. So konkret kommt Gott, und das desillusioniert, und es fordert uns heraus. Denn wir können uns nicht heraushalten. Um es mit den Worten von Dorothee Sölle zu sagen: *das war hier das war hier.*

Noch einmal mit anderen Worten beschreibt Lukas dieses Konkret-Fordernde zu Beginn des 3. Kapitels seines Evangeliums:

> *Im 15. Jahr der Regierung des Kaisers Tiberius, als Pontius Pilatus Statthalter von Judäa war und Herodes Fürst von Galiläa, sein Bruder Philippus aber Fürst der Landschaft Ituräa und Trachonitis und Lysanias Fürst von Abilene, unter den Hohenpriestern Hannas und Kajaphas, da erging das Wort Gottes an Johannes, den Sohn des Zacharias und der Elisabeth, (in der Wildnis).* Lk 3, 1f

Das ist jetzt wirklich kein poetischer Text, kein Text, der uns berühren könnte. Aber so konkret, genau in diese Wirklichkeit hinein und an diesen konkreten Menschen ergeht das Wort Gottes. Glauben blendet die Wirklichkeit nicht aus, nicht die Herrschaftsverhältnisse und nicht, wer darunter zu leiden hat. Mitten in diese Welt und in die Not der Welt, mitten in die Fragen meines eigenen Lebens hinein – da ergeht das Wort Gottes, konkret, an dich, an mich - *das* ist *hier das* ist *hier.*

Was könnte nüchterner sein als diese Vorstellung? Was, wenn nicht diese Vorstellung, fordert uns mehr heraus – und ist zugleich tief geheimnisvoll und verzaubernd?

Denn nicht an meinem Leben vorbei oder nicht über diese Welt hinweg wird Gott, die Lebendige, Mensch. Sie verbindet sich mit uns und unserem Geschick auf die denkbar engste und innigste, auf zärtlichste Weise. In diese Spannung stellt uns der Advent. So wie es Dorothee Sölle sagt:

> *Als ich die zärtlichkeit gottes austeilen ging*
> *sah ich den unglauben auf zwei gesichtern*
> *eines mannes und eines mädchens*
> *ganz langsam schmelzen*
> *ob du es glaubst oder nicht*
> *das war hier*
> *das war hier*

Genauer hinschauen und präziser urteilen

Gedanken zu Lk 4, 1b-12[20]

„Man kann ja doch nichts machen!“

Wie oft, liebe Hörerin, lieber Hörer, kommt mir dieser Seufzer über die Lippen. Nach manchem Versuch, etwas zu verändern, weil zu gross scheint, was ich angehen möchte. „Da kann man ja doch nichts machen!“ - resigniert gebe ich auf.

Dabei ist es doch gerade das, was mich auszeichnet: Etwas machen zu können! Wenn ich ahne, dass ich etwas bewirken kann – dann ist das motivierend und gibt mir Schwung. Dann bin ich gerne bereit mich zu engagieren. Das gibt mir Selbstvertrauen und Selbstbewusstsein.

Und auch von anderen erwarte ich gerne, dass sie etwas machen: die Ärztin möge mich gesund machen. Die Politiker sollen etwas machen gegen die Finanzkrise. Die Wissenschaftlerinnen mögen etwas machen, etwas erfinden gegen den Hunger in der Welt. Mein Partner und meine Kinder sollen mich glücklich machen.

Etwas machen zu können, ist verführerisch

Es ist etwas Verführerisches dabei, bei diesem Gedanken, etwas machen zu können. Das Leben und die Probleme in den Griff zu bekommen. Nicht abhängig zu sein. Nicht warten zu müssen. Dieses Gefühl von Ohnmacht nicht aushalten zu müssen, sondern selber etwas zu machen ... ein verführerischer Gedanke!

Und so stelle ich mir auch jene Begebenheit vor, von der die Bibel im Lukusevangelium folgende Geschichte erzählt:

[20] Predigt gesendet am 17. Februar 2013

Darauf führte der Geist Jesus vierzig Tage lang in der Wüste umher, und dabei wurde Jesus vom Teufel in Versuchung geführt. Die ganze Zeit über aß er nichts; als aber die vierzig Tage vorüber waren, hatte er Hunger. Da sagte der Teufel zu ihm: Wenn du Gottes Sohn bist, so befiehl diesem Stein, zu Brot zu werden. Jesus antwortete ihm: In der Schrift heißt es: Der Mensch lebt nicht nur von Brot.

Da führte ihn der Teufel (auf einen Berg) hinauf und zeigte ihm in einem einzigen Augenblick alle Reiche der Erde. Und er sagte zu ihm: All die Macht und Herrlichkeit dieser Reiche will ich dir geben; denn sie sind mir überlassen und ich gebe sie, wem ich will. Wenn du dich vor mir niederwirfst und mich anbetest, wird dir alles gehören. Jesus antwortete ihm: In der Schrift steht: Vor dem Herrn, deinem Gott, sollst du dich niederwerfen und ihm allein dienen.

Darauf führte ihn der Teufel nach Jerusalem, stellte ihn oben auf den Tempel und sagte zu ihm: Wenn du Gottes Sohn bist, so stürz dich von hier hinab; denn es heißt in der Schrift: Seinen Engeln befiehlt er, dich zu behüten; und: Sie werden dich auf ihren Händen tragen, damit dein Fuß nicht an einen Stein stößt. Da antwortete ihm Jesus: Die Schrift sagt: Du sollst den Herrn, deinen Gott, nicht auf die Probe stellen. Lk 4, 1b-12

Versuchung als Verführung, etwas zu machen

Nach dieser Erzählung soll Jesus dazu verführt werden, etwas zu machen:

- Aus Steinen Brot machen! Etwas machen gegen den Hunger. Wie oft hat er in seinem öffentlichen Leben doch genau das getan: die Menschen mit Brot versorgt, mit dem Elementaren, das sie zum Leben brauchen.

- Jesus soll dazu verführt werden, etwas Wirkungsvolles zu machen: Seine Botschaft auch tatsächlich durchsetzen. Dem Reich Gottes zum Durchbruch verhelfen. All das wahr werden lassen, wovon er so bezaubernde Geschichten erzählt hat, was er in seinen wunderbaren Taten schon hat durchschimmern lassen.
- Und nicht zuletzt soll Jesus dazu verführt werden, etwas zu machen, damit Gott sich zeigt! Damit deutlich wird: Gott lässt die Menschen nicht fallen und lässt sie nicht allein. Warum nicht einmal sichtbar machen, damit es alle sehen können: Ja, Gott ist da!

Jesus geht nicht darauf ein. Seine Weigerung, etwas zu machen, zwingt mich, noch einmal genauer hinzuschauen und präziser nachzufragen: Was wäre denn passiert, wenn Jesus der Versuchung, etwas zu machen, nachgegeben hätte?

Ziemlich sicher wäre er als Held gefeiert worden. Er hätte sich unangreifbar gemacht. So einem, der nachweislich Gott auf seiner Seite hat, dem hätte sich niemand mehr entgegenstellen können.

Radikaler werden!

Doch das ist eindeutig nicht seine Sache. Er hat sich nicht dazu verführen lassen, die Dinge selber in die Hand zu nehmen – weil sich dadurch nicht wirklich etwas ändert. Weil sich dadurch nichts ändert in den Köpfen und in den Herzen der Menschen, nicht in ihrem Verhalten und in ihrem Handeln.

Jesus wünscht sich die Veränderung viel grundlegender und radikaler; er wünscht sich eine Veränderung, die den Grund des Handelns und Verhaltens berührt – und die nicht nur oberflächlich etwas macht:

Für uns heute könnte das zum Beispiel heissen:

- Nicht ein noch raffinierteres Medikament schlucken – nur damit ich meinen krankmachenden Lebensstil nicht ändern muss ...
- Nicht Gentech-Weizen oder was auch immer erfinden gegen den Hunger in der Welt – nur damit wir nicht spürbar teilen müssen ...
- Nicht die Asylgesetzgebung immer weiter verschärfen, in immer kürzeren Abständen – nur damit wir uns nicht damit auseinandersetzen müssen, dass wir sie nicht für uns alleine gepachtet haben, diese Erde...
- Nicht Gottesbeweise fordern, Wunder verlangen, Eindeutigkeit – nur damit ich nicht wirklich vertrauen muss...

Verstehen Sie mich jetzt bitte nicht falsch, lieber Hörer und liebe Hörerin. Es geht mir nicht um eine Verteufelung von Fortschritt oder Wohlstand. Natürlich bin ich froh, dass z.B. die Medizin heute viele Krankheiten gut behandeln kann, die noch vor wenigen Jahrzehnten tödlich verlaufen sind. Ich verstehe diesen biblischen Text keineswegs als Absage an Forschung und Innovation, und es geht mir auch nicht um Miesmacherei. Wir dürfen und wir sollen sie nutzen, unsere Möglichkeiten, etwas zu machen, unseren Erfinderinnengeist, unsere Entschlossenheit und unsere Tatkraft.

Aber wir sollen uns dadurch nicht verführen lassen zu einer vordergründigen Betrachtung oder einem blossen Aktionismus. Jesus provoziert mich mit dieser Geschichte zu einer radikaleren, einer präziseren und auch mutigeren Sichtweise.

Denn Jesus hat den Versuchungen widerstanden, indem er „nichts" gemacht hat. Welch eine Herausforderung! Zunächst einmal loszulassen vom Gedanken, etwas machen zu müssen und alles selber machen zu können.

Ein Programm für die Fastenzeit

Diese Geschichte aus dem Lukasevangelium zeigt den Anfang des öffentlichen Wirkens Jesu. Am Anfang schaut also auch Jesus genauer hin und urteilt präziser, was denn nun seine Sache ist – und was nicht. Und dann hat er mutig beginnen können mit seinem öffentlichen Leben, mit seiner heilsamen Zuwendung zu den Menschen.

Auch in den Gottesdiensten der katholischen Kirche steht diese Geschichte an einem Anfang – am Anfang der Fastenzeit. Sie könnte ein Programm für diese jetzt beginnende Vorbereitungszeit auf Ostern sein:

Zunächst einmal loslassen vom Gedanken, etwas machen zu müssen, alles selber machen zu können. Diese Haltung empfinde ich im Tiefsten als eine sehr aktive Haltung. Denn sie provoziert mich, ganz genau hinzuschauen und zu beurteilen, was mein Handeln und mein Verhalten bewirken und welche Motive mich leiten.

Wenn ich mich darauf einlasse, dann – so erhoffe ich mir – kann ich nach dem Beispiel Jesu auch etwas machen. Nicht vordergründig. Nicht um den wirklichen Fragen und den eigentlichen Problemen auszuweichen. Sondern um mich mutig und inspiriert zu engagieren, um schwungvoll und selbstbewusst etwas zu machen, damit das Leben besser wird. Für alle. Im Vertrauen auf Gott, die nicht für mich einspringt, die mich aber begleitet in all meinem Tun.

Dieses Vertrauen wünsche ich auch Ihnen, liebe Hörerin, lieber Hörer, an diesem Sonntag und während der Fastenzeit.

Neues kann beginnen

Gedanken zu Joh 7,53 – 8,11[21]

Liebe Hörerin, lieber Hörer

Es ist ein wunderschöner Frühlingstag, an dem ich diese Gedanken aufschreibe. In der Luft liegt die Erwartung, dass bald alles wieder neu zu spriessen und zu blühen beginnt.

Dass etwas neu beginnt, dass ich selber neu beginnen kann, das ist allerdings nicht so einfach, wie es der Neubeginn in der Natur zu sein scheint. Zu oft fühle ich mich gefangen in einem Denken und Verhalten, dass eher blockiert als Neues möglich macht. Und beim Blick in unsere Welt fällt es mir noch schwerer daran zu glauben, dass Neues beginnen kann. Zu festgefahren scheinen die Mechanismen in Politik und Wirtschaft.

Genau davon erzählt die Bibel aber immer wieder: Neues kann beginnen. Auch, wenn es schwer zu glauben ist. So wie in der folgenden Geschichte:

> *Dann gingen alle nach Hause. Jesus aber ging zum Ölberg. Am frühen Morgen begab er sich wieder in den Tempel. Alles Volk kam zu ihm. Er setzte sich und lehrte es. Da brachten die Schriftgelehrten und die Pharisäer eine Frau, die beim Ehebruch ertappt worden war. Sie stellten sie in die Mitte und sagten zu ihm: Meister, diese Frau wurde beim Ehebruch auf frischer Tat ertappt. Mose hat uns im Gesetz vorgeschrieben, solche Frauen zu steinigen. Nun, was sagst du?*
>
> *Mit dieser Frage wollten sie ihn auf die Probe stellen, um einen Grund zu haben, ihn zu verklagen. Jesus aber bückte sich und schrieb mit dem Finger auf die Erde. Als sie hartnäckig weiterfragten, richtete er sich auf und sagte zu ihnen: Wer von euch ohne Sünde ist,*

[21] Predigt gesendet am 28. März 2004

werfe als erster einen Stein auf sie. Und er bückte sich wieder und schrieb auf die Erde.

Als sie seine Antwort gehört hatten, ging einer nach dem anderen fort, zuerst die Ältesten. Jesus blieb allein zurück mit der Frau, die noch in der Mitte stand. Er richtete sich auf und sagte zu ihr: Frau, wo sind sie geblieben? Hat dich keiner verurteilt? Sie antwortete: Keiner, Herr. Da sagte Jesus zu ihr: Auch ich verurteile dich nicht. Geh und sündige von jetzt an nicht mehr! Joh 7, 53 - 8,11

Eine Frau wird ertappt

Vielleicht kennen Sie diese Geschichte als „Geschichte von der Ehebrecherin". Das ist eigenartig, denn es geht hier gar nicht um diese Frau. Und eigentlich geht es auch nicht um das, was sie getan hat. Die Frau muss nur als Demonstrationsobjekt herhalten. Denn eigentlich geht es darum, Jesus in eine Falle tappen zu lassen. Die Frau ist dabei Mittel zum Zweck. Sie ist beim Ehebruch ertappt worden, sogar auf frischer Tat. Genau genommen ist das ja zum Lachen. Wie kann man eine Frau beim Ehebruch ertappen – nur sie? Zum Ehebruch gehören doch nun einmal zwei!

Nun, Männer und Frauen werden eben ganz unterschiedlich beurteilt – durch das Gesetz, damals, und im gesellschaftlichen Umgang. Wurde eine Frau des Ehebruchs überführt, war sie nach dem Gesetz in jedem Fall schuldig, und sie musste mit der Strafe der Steinigung rechnen. Bei einem Mann jedoch ergab sich der Straftatbestand Ehebruch nur dann, wenn die Frau verheiratet war. Denn in einem solchen Fall hatte der Mann die Eigentumsrechte eines anderen Mannes verletzt.

Die Frau – Objekt und Eigentum und ganz und gar in der Hand der Männer. Wer weiss schon, was hinter diesem Ehebruch steht? Wer diese Frau war, wie sie lebte, wie es um ihre Ehe bestellt war – nichts davon kommt zur Sprache. Auch sie selber kommt nicht zur Sprache – was sie jetzt denkt, wie sie sich fühlt, so umzingelt von diesen Männern. Von alledem erfahren wir nichts.

Jesus sitzt in der Falle ...

Denn sie musste ja nur dazu herhalten, Jesus in eine Falle zu locken. So hatten sie es sich gedacht: Endlich soll er einmal hineintappen in ihre Falle, damit sie einen Vorwand haben, ihn beiseite zu schaffen. Er ist ihnen suspekt: Wie er redet, wie die Leute ihm an den Lippen hängen, mit welcher Souveränität er auftritt – er, der doch nur aus Galiläa kommt. Wer war er schon? Er war ihnen suspekt, manchen sogar gefährlich. Wie sollte man mit so einem umgehen? Nicht, dass er sich etwas hätte zu Schulden kommen lassen; nicht, dass er je das Gesetz gebrochen hätte. Aber trotzdem: Was er tat und sagte – es war beunruhigend.

Nun schien sich endlich eine Gelegenheit zu bieten, ihn zu überführen. Also zerren sie die Frau in den Tempel und führen sie vor. Hier ist sie – auf frischer Tat ertappt. Nach dem Gesetz muss sie gesteinigt werden. „Nun, was sagst du, Jesus?“

Eine perfide Fangfrage! Denn was immer Jesus antworten würde – sie würden ihn überführen können:

Würde auch er sagen - Ja, natürlich, eine solche Frau muss gesteinigt werden – würde er sich zwar im Einklang mit dem Gesetz befinden, aber seine Glaubwürdigkeit verlieren. Denn hatte nicht er immer davon geredet, barmherzig zu sein, nicht zu urteilen? Waren es nicht gerade diese Reden, die die Leute zu ihm getrieben hatten?

Würde er jedoch für Barmherzigkeit plädieren und sagen – Nein, sie darf nicht gesteinigt werden - würde er sich damit ausserhalb des Gesetzes stellen, und er könnte öffentlich als Gesetzesbrecher angeklagt werden.

Wie man es auch dreht und wendet – Jesus sitzt in der Falle. Genau darauf haben sie es abgesehen. Endlich ertappen wir ihn!

... und durchschaut das Spiel

Doch es passiert etwas ganz anderes. Jesus antwortet gar nicht. Er hatte sie durchschaut, ihre Absicht erkannt. Nun schreibt er mit dem Finger auf die Erde. Einfach so.

Welche Souveränität strahlen diese Handlung und diese Haltung aus! Er lässt sich erst gar nicht in diesen Fall hineinverwickeln. Denn er weiss: Da kann er sich nur verfangen und nicht mehr herausfinden. Und selbst, wenn er dabei ins Messer laufen würde – wem würde das dienen? Der Frau? Ihrer Ehe?

Also schreibt Jesus mit dem Finger auf die Erde. So gewinnt er Zeit. Auch die anderen gewinnen Zeit. Aber sie nutzen sie nicht. Sie fragen hartnäckig weiter und beharren auf ihrer vermeintlich so cleveren Fragestellung. Also richtete er sich auf und sprach zu ihnen: „Wer von euch ohne Sünde ist, werfe als Erster einen Stein auf sie!"

Damit ist ihre Fangfrage ganz und gar entkräftet. Jesus nimmt ihre Frage durch seine so unerwartete Antwort weg von den Spielereien einer trickreichen Gesetzesschläue, und er legt sie in das Herz der Menschen. Wenn es euch wirklich um Sünde geht, dann sind wir alle gefragt. Nicht nur die, die ihr nun zufälligerweise ertappt habt (oder vielleicht auch ganz gezielt in eine Falle gelockt hattet – wer weiss das schon so genau .....).

Die verblüffende Reaktion

So verblüffend und souverän diese Aussage Jesu ist, so verblüffend und aufrichtig ist jetzt die Reaktion der Schriftgelehrten und Pharisäer. Auch sie fühlen sich ertappt. Das lässt sie zunächst einmal verstummen. Und das ist schon viel bei patriarchalen Männern!

Aber vor allem schaffen das Verhalten und die Antwort Jesu einen ungeheuren Freiraum, in dem ganz neu gedacht und neu gefühlt werden kann. Und es gelingt ihnen, diesen Freiraum zu nutzen und aus diesem ertappt-Werden wirklich etwas Neues entstehen zu lassen. Ihnen fallen buchstäblich die Steine aus den Händen. Einer nach dem anderen geht weg.

Und so sind verblüffender Weise die Schriftgelehrten und Pharisäer die Ersten in dieser Geschichte, die etwas Neues wagen. Denn was hätte näher gelegen, als sich da herauszureden – *ich und Ehebruch? Niemals!* – oder sich zu rechtfertigen – *Sünde ist noch lange nicht gleich Sünde!* – oder sonst einen schnellen Spruch zu klopfen. Doch sie lassen sich treffen von diesem schlichten Satz: „Wer von euch ohne Sünde ist...."

Durchschaut werden: durch und durch angeschaut werden

Sie fühlen sich durchschaut – und erkennen, dass genau das ihre Chance ist. Denn dieses Durchschaut-Werden durch Jesus ist etwas anderes als ein Ertappt-Werden. Sie wissen sich durchschaut – durch und durch angeschaut von Jesus. Durch und durch angeschaut von der Liebe eines Menschen, der sie nicht überführen, nicht vorführen oder blossstellen will. Aber sein Durchschauen schafft Freiraum, und damit will er sie zu neuen Möglichkeiten, zu ihren besten Möglichkeiten führen. Deshalb gehen sie einfach weg. Eigentlich schade, dass wir nicht mehr erfahren, was sie mit dieser neuen Erfahrung machen.

Nur Jesus bleibt – er allein und die Frau. Von der hektisch-angespannten Situation zu Beginn sind am Schluss sie allein übrig geblieben. Eine fast intime Szene. Jetzt endlich kommt die Frau in den Blick. Jesus nimmt sie in seinen Blick. Er beschönigt nicht und entschuldigt nichts – er nimmt sie nur ernst. Und gibt ihr Würde. Und öffnet damit auch für sie einen Freiraum, in dem sie neu beginnen kann.

Freiräume öffnen sich

Neues kann beginnen. Mit einer ungeheuren Souveränität bleibt Jesus bei seinen Überzeugungen und schafft zugleich Freiräume für die anderen.

Neues kann beginnen. Das ist die Botschaft dieser Geschichte. Neues kann beginnen – auch wenn wir in der hektisch-angespannten Situation unseres Alltags kaum daran glauben können.

Neues kann beginnen. Das ist immer wieder und immer wieder neu die grosse Verheissung der jüdisch-christlichen Tradition. Worte des Propheten Jesaja mögen Sie, liebe Hörerin, lieber Hörer, begleiten in diesen neuen Tag:

> *Gott spricht: Denkt nicht mehr an das, was früher war; auf das, was vergangen ist, sollt ihr nicht achten. Seht her, nun mache ich etwas Neues. Schon kommt es zum Vorschein, merkt ihr es nicht? Ja, ich lege einen Weg an durch die Steppe und Straßen durch die Wüste. Die wilden Tiere werden mich preisen, die Schakale und Strauße, denn ich lasse in der Steppe Wasser fließen und Ströme in der Wüste, um mein Volk, mein erwähltes, zu tränken. Seht her, nun mache ich etwas Neues. Schon kommt es zum Vorschein, merkt ihr es nicht?* Jes 43, 18-20

Dem Leben um den Hals fallen[22]

Heute ist Ostern, liebe Zuhörerinnen und liebe Zuhörer. Und ich wünsche Ihnen, dass es ein wunderschönes Osterfest für Sie werde!

Heute ist Ostern. Schon seit Wochen bereitet mich ein ganzer Wald voller Schoggihasen darauf vor. Zudem lockt ein angenehm verlängertes Wochenende in den Kurzurlaub. In all dem ist immer weniger erkennbar, worum es denn eigentlich geht, an Ostern.

Worum geht es eigentlich?

Die christliche Tradition sagt, dass wir an Ostern das Leben bejubeln. Dass das Leben nicht zerstört werden kann. Dass das Leben stärker ist als alles, das in unserer Welt Tod bringt und das Leben bedroht.

Eine gewagte Behauptung! Glauben Sie das, lieber Zuhörer, liebe Zuhörerin?

Erfahrungen widersprechen

Meine *Erfahrung* ist das jedenfalls nicht. Leben ist sehr wohl bedroht, auf vielfältige Weise:

- Viele wissen, wie sich das eigene Leben von einer Stunde zur anderen als zerbrechlich erweisen kann, wenn die Diagnose der Ärztin lautet: „unheilbar".
- Leben wird auf dieser Erde sehr wohl zerstört, sekundenschnell zerbombt, vertrieben, traumatisiert.
- Leben wird ausgebeutet und vernichtet aus Profitgier oder aus purer Bequemlichkeit.
- Wir lesen in der Zeitung davon. Jeden Tag sehen wir Bilder des Todes in der Tagesschau, im Internet. Bedrohung, Zerstörung und Tod sind überwältigend.

---

[22] Predigt gesendet am Ostersonntag, 31. März 2013

Kann ich da glaubwürdig die Kraft des Lebens besingen? Ist das nicht so, als ob ein Kind im dunklen Wald gegen die eigene Angst ansingt?

Ansingen gegen die Angst

Für mich hat Ostern tatsächlich etwas damit zu tun: Ansingen gegen die Mächte des Todes, wie und wo immer sie sich zeigen! Ja, vielleicht auch, um damit die eigene Angst in Schach zu halten. Ja, auch um die schleichende Verführung zur Resignation zu überlisten. Wenigstens ansingen gegen alles, das „tötelet“, wie man in der Mundart sagt; ansingen gegen alles, das der Entfaltung des Lebens entgegensteht. Den Stimmen der Henker und Ausbeuter und Profiteure soll eine andere Melodie entgegenwehen.

Das ist nicht einfach, und es hat etwas Trotziges. Aber nur so kann Auferstehung beginnen: Nicht dem Tod das letzte Wort überlassen! Nicht die Zerstörung soll den Ton angeben in unserer Welt. Deshalb feiern wir Ostern!

Das Leben vor dem Tod

An Ostern geht es also nicht so sehr um die Frage, ob das Grab Jesu „wirklich“ leer war. Das hat schon die Evangelisten, die uns die Auferstehungs-Geschichten erzählen, nicht interessiert. Durch Ostern werden keine natürliche Grenzen und Gesetzmässigkeiten ausser Kraft gesetzt. Selbst wenn eine Videokamera die Ereignisse damals in Jerusalem hätte aufzeichnen können – wir hätten keine grössere Gewissheit und auch keinen tieferen Glauben.

Und genauso wenig geht es an Ostern um die Frage nach einem individuellen Weiterleben nach dem Tod. Es geht überhaupt nicht um die Frage eines Lebens nach dem Tod. Auferstehung erzählt kein Ereignis, das erst nach dem Tod wahr werden würde. An Ostern geht es ganz entschieden um die Frage nach dem Leben *vor* dem Tod: Wie geht es weiter mit dem Leben auf dieser Erde? Wie kann das Zusammenleben mit allen Menschen dieser Welt gelingen?

Christen und Christinnen können sich niemals mit einer Welt zufrieden geben, in der Millionen von Menschen in Krieg und Terror leben, in der so viel Verzweiflung und Hoffnungslosigkeit sind. Sie können es nicht hinnehmen, dass ganze Völker unter Krankheiten, Armut und Hunger leiden. Deshalb feiern sie Ostern, das Fest der Auferstehung. Sie stehen auf für das Leben, wo immer es gequält, verfolgt und getötet wird.

Keine einfachen Antworten

Das sind grosse Worte, ich weiss, und es ist ein hoher Anspruch. Noch sind wir nicht am Ziel. Sich für das Leben engagieren – das ist oft nur in kleinen Schritten möglich. Das ist oft mühsam und ermüdend. Aber einfacher ist meiner Meinung nach Ostern nicht zu haben. Es gibt keine theoretischen Antworten auf die vielen Fragen und Probleme unserer Welt. Es braucht vielmehr lebendige Menschen; Menschen, welche die Antworten sozusagen „durchbuchstabieren", sie konkret und lebendig werden lassen, also

- Menschen, die ein feines Gespür dafür haben, wenn die Würde anderer bedroht wird – in alltäglichen Situationen, wenn z.B. wieder einmal abschätzig über Ausländerinnen geredet wird -, und die dann nicht schweigen oder wegsehen.
- Es braucht Menschen, die für die Würde von Asylsuchenden aufstehen und vielleicht auch mal laut werden, an Anlässen wie z.B. dem Ostermarsch, morgen am Ostermontag in Bern und am Bodensee
- Wenn in Parlamenten über Sparmassnahmen entschieden wird oder wenn an der Urne über Steuererleichterungen abzustimmen ist – dann braucht es Menschen, die Widerstand leisten, damit alle ein Auskommen haben und nicht nur wenige ein immer höheres Einkommen.

- Es kommt darauf an, sich nicht nur dann aufzuregen, wenn einmal Pferdefleisch in der Tiefkühl-Lasagne entdeckt wird, sondern erst recht und viel mehr, wenn unsere T-Shirts oder Schoggi-Ostereier unter unfairen Bedingungen hergestellt werden.
- Es braucht Menschen, die trotzig standhalten und die nicht aufgeben, wenn die Resignation wieder in ihnen hochkriechen will.

Ostern ist Zukunftsmusik

So kann Auferstehung anfangen. Denn noch ist die Welt nicht in Ordnung. Auferstehung bleibt immer eine Sehnsucht. Ostern ist Zukunftsmusik.

Und doch feiern wir Auferstehung schon heute. Trotz allem. Obwohl mein eigenes Leben oft schwierig ist. Obwohl so viel Elend und Grauen in dieser Welt sind.

Trotz all dem klingt sie schon an, die österliche Zukunftsmusik. Deshalb dürfen wir heute schon singen und jubeln und trotzig festhalten am Leben, festhalten an der Schönheit des Lebens, an Lebensperspektiven für alle Menschen! Trotz allem, das dagegen spricht, dürfen wir an Ostern dem Leben um den Hals fallen.

Ich wünsche uns allen diese trotzige Freude von Ostern!

Eintauchen ins Leben

Gedanken zu Lk 3, 15-16.21-22[23]

Guten Morgen, liebe Hörerin, lieber Hörer

Der Jahreswechsel liegt hinter uns. Für viele war das vermutlich ein Anlass, Bilanz zu ziehen – also zurückzuschauen und nach vorne zu blicken. Nun ist das ja gerade mit dem Ausblick auf das neue Jahr so eine Sache:

Natürlich, manches, das auf uns zukommt, das wissen wir schon: der runde Geburtstag, die Ausbildung, die im Sommer beendet sein wird, die Ferien, die schon gebucht sind. Das meiste jedoch, das geschehen wird, ist uns verborgen. Noch wissen wir nicht, was es bereithält, dieses Jahr. Manches erwarten und erhoffen wir: dass uns gelingt, was wir planen, dass sich ein sehnlicher Wunsch erfüllt, dass wir glücklich sind und gesund.

Was erwarten wir?

Aber - was erwarten wir wirklich? Sind unsere Erwartungen konkret – oder eher diffus?

Hoffen wir nur privat, für uns selber und unsere Nächsten – oder haben wir auch Erwartungen, die über unser privates Umfeld hinausgehen: dass es etwas wird mit Schritten zum Frieden in Palästina und Israel, z.B.

Erwarten wir wirklich etwas – für uns und für andere?

In der Bibel wird von einem Volk erzählt, das vor gut 2000 Jahren ganz viel erwartet hat. Aufgeschrieben hat das der Evangelist Lukas:

> *Das Volk war voll Erwartung, und alle überlegten im Stillen, ob Johannes nicht vielleicht selbst der Messias sei. Doch Johannes gab ihnen allen zur Antwort: Ich taufe euch nur mit Wasser. Es kommt aber einer, der stärker ist als ich, und ich bin es nicht wert, ihm die*

[23] Predigt gesendet am 11. Januar 2004

Schuhe aufzuschnüren. Er wird euch mit dem Heiligen Geist und mit Feuer taufen. Zusammen mit dem ganzen Volk ließ auch Jesus sich taufen. Und während er betete, öffnete sich der Himmel, und der Heilige Geist kam sichtbar in Gestalt einer Taube auf ihn herab, und eine Stimme aus dem Himmel sprach: Du bist mein geliebter Sohn, an dir habe ich Gefallen gefunden. Lk 3, 15-16.21-22

Der Alltag beginnt

Lukas erzählt hier, wie Jesus seinen Alltag beginnt, sein öffentliches Auftreten. An diesem Beginn seines Wirkens in der Öffentlichkeit scheint sich auch Jesus orientieren zu müssen. Denn es ist ja eine eigenartige Geschichte. Jesus selber sagt hier kein einziges Wort. Kein Parteiprogramm, das er veröffentlicht, keine Regierungserklärung, keine Leitlinien, die er seinem Handeln und seinen Auftritten voranstellt. Nichts, mit dem er auf sich aufmerksam macht. Oder anders ausgedrückt: Hier verkauft sich Jesus ausgesprochen schlecht.

Ja, er verkauft sich nicht einmal. Er mischt sich einfach unter die Leute. Was will er überhaupt? Warum kommt er da zum Jordan? Was ist seine Motivation, ab jetzt öffentlich aufzutreten?

Von all dem erfahren wir nichts. Jesus mischt sich einfach unter die Leute.

Das Volk war voll Erwartung

Von diesen Leuten heisst es nun: „Das Volk war voll Erwartung“(15). Lukas hat gewusst, wovon er spricht: Von einem Volk nämlich, das endlich befreit werden will – befreit von der drückenden Besatzungsmacht und vom täglichen Kampf ums Überleben; von einem Volk, müde, resigniert, und das dennoch wartet, sehnsüchtig wartet auf den versprochenen Retter. Eines Tages müsste doch einmal einer kommen, der endlich Schluss macht mit allem Unrecht, mit all der Gewalt, mit dem Zynismus der Mächtigen.

„Das Volk war voll Erwartung".

Und wie das so geht: Einige von ihnen wollten nicht länger einfach nur abwarten und hatten sich längst Untergrundbewegungen angeschlossen, Gruppen, die mit kleineren Anschlägen versuchten, die Macht der Besatzer zu brechen. Andere hatten sich zurückgezogen, waren vielleicht einer radikalen religiösen Gruppe beigetreten und erwarteten die Rettung durch ein asketisches Leben. Wieder andere waren schon bei diesem und bei jenem Wanderprediger gewesen, alle hatten sie irgendetwas versprochen – mal schauen, was dieser Johannes so anzubieten hat.

Ihre Erwartungen werden vielfältig gewesen sein, zuweilen auch diffus oder gar widersprüchlich. Und so stelle ich mir vor, dass auch Jesus sich darüber hat klar werden müssen, welche Erwartungen er denn erfüllen will, welche Erwartungen wirklich seine Erwartungen sind. Vielleicht hat er deshalb nicht selber geredet. Welche Erwartungen er sich zu eigen machen will, das hat er zunächst mit sich und mit seinem Gott abmachen müssen.

Erwartung - konkret

Und ich stelle mir vor, dass sich auch Jesus dabei erinnert haben wird an die eigene Tradition, an die hl. Schriften seiner Religion, des Judentums, die er so gut kannte. Vielleicht sind ihm Verse des Propheten Jesaja in den Sinn gekommen – Bilder, Visionen und Hoffnungen, die der Prophet einmal für Leute in der Verbannung aufgeschrieben hatte, die aber immer noch auf ihre Erfüllung warteten:

> *So spricht Gott, der Herr: Seht, das ist mein Knecht, den ich stütze; das ist mein Erwählter, an ihm finde ich Gefallen. Ich habe meinen Geist auf ihn gelegt, er bringt den Völkern das Recht. Er schreit nicht und lärmt nicht und läßt seine Stimme nicht auf der Straße erschallen. Das geknickte Rohr zerbricht er nicht, und den glimmenden Docht löscht er nicht aus; ja, er bringt wirklich das Recht. Er wird nicht müde und bricht*

nicht zusammen, bis er auf der Erde das Recht begründet hat. (Auf sein Gesetz warten die Inseln.) Ich, der Herr, habe dich aus Gerechtigkeit gerufen, ich fasse dich an der Hand. Ich habe dich geschaffen und dazu bestimmt, der Bund für mein Volk und das Licht für die Völker zu sein: blinde Augen zu öffnen, Gefangene aus dem Kerker zu holen und alle, die im Dunkel sitzen, aus ihrer Haft zu befreien. Jes 42, 5a.1-4.6-7

Diesen Gesandten Gottes erwarteten sie so sehnsüchtig. Es sind alte Verheissungen. Jesus hat sie gekannt. Und es sind diese Erwartungen, die er nähren will mit seinem Leben. Deshalb lässt er sich taufen, er taucht ein in die Erwartung Gottes und macht sie sich zu eigen.

Da öffnet sich der Himmel, und er erkennt die Stimme Gottes: „Du bist mein geliebter Sohn." Und, so erzählt Lukas, Gottes Geist kam herab und schwebte über ihm und über dem Wasser. Wie ganz am Anfang, bei der Erschaffung der Welt. Gottes Geist, seine ruach, breitet sich über den Wassern der Urflut aus und formt alles zu einem guten Ganzen.

Ein guter Anfang

Das wird anklingen bei den Menschen, die diese Geschichte von Lukas damals gehört haben: Mit diesem Menschen Jesus von Nazaret wird sich unsere Welt und unser Leben wieder neu ordnen, neu zu einem guten Ganzen zusammenfügen. Was uns jetzt so chaotisch vorkommt oder hoffnungslos, es wird gut werden.

Jesus verkauft sich schlecht, dort am Jordan – aber genau richtig. Denn das, worum es ihm geht in seinem Leben, das wird schon in diesem ersten öffentlichen Auftreten so wohltuend sichtbar und spürbar.

◆ Jesus mischt sich mitten unter die Leute. Er wird einer von ihnen. Daran können die Menschen ablesen: Wenn Gott kommt, dann wird er einer von uns – mit all unseren Ängsten und Hoffnungen, mit unseren verwegenen oder allzu kleinlauten Sehnsüchten, mit unseren hochfliegenden und manchmal verqueren Gedanken, mit unseren wunderbaren Träumen. In all das mischt sich Gott mitten hinein.

◆ Und auch dies: Jesus sagt zunächst einmal nichts, sondern er hört auf die Stimme Gottes. Dieses Hören auf die Stimme Gottes, dieses innere Gespräch ist wie ein immer neues Zustimmen, ein immer neues Vertrauen in die göttlichen Verheissungen.

Später werden viele Menschen zu ihm kommen mit ihren Erwartungen und Hoffnungen und Träumen. Sie werden ihm zuhören und sich von ihm berühren lassen. Sie beginnen aufrecht zu gehen und der göttlichen Stimme in sich zu vertrauen. Durch ihn erfahren sie: er nimmt sie wahr, auch wenn sie sich fühlen wie ein Docht, der nur noch glimmt, er nimmt sie ernst, wenn sie geknickt sind, belastet und wie im Dunkeln. Ihre Erwartung läuft nicht länger ins Leere.

Was auch immer Sie erwarten, liebe Hörerin, lieber Hörer: Ich wünsche Ihnen, dass Ihre Erwartung nicht ins Leere läuft, dass Sie der göttlichen Stimme in sich Vertrauen schenken und deshalb eintauchen mitten ins Leben.

Amen.

Steh auf! Der Weg vom Tod zurück ins Leben

Gedanken zu Lk 7, 11-17[24]

Liebe Zuhörerinnen, liebe Zuhörer, guten Morgen!

Für mich gehört es zu den beglückendsten Erfahrungen, wenn ich wahrgenommen werde, wenn andere meine Fähigkeiten erkennen und anerkennen, aber vor allem, wenn sie spüren und wahrnehmen, wie es um mich steht, wie es mir zumute ist. Das ist einfach wunderbar und lässt mich aufleben. Und umgekehrt ist es sehr verletzend, wenn ich übersehen werde, wenn ich nicht beachtet werde in meinem So-Sein, mit meinen Gefühlen, in meinem Glück oder in meinem Leid.

Eine Geschichte vom genauen Wahrnehmen

Als Geschichte von einem solch tiefen Wahrgenommen-werden lese ich jene Begebenheit aus der Zeit Jesu, die im Lukas-Evangelium im Kap 7 erzählt wird:

> *Bald darauf gelangte Jesus in eine Stadt namens Naïn, begleitet von seinen Jüngerinnen und Jüngern und einer großen Volksmenge. Als sie sich dem Stadttor näherten, seht, da kam gerade ein Trauerzug heraus. Der Tote war der einzige *Sohn seiner Mutter gewesen, und diese war bereits Witwe. Eine große Menge aus der Stadt begleitete die Frau.*
>
> **Jesus sah sie, hatte Mitleid mit ihr und sagte zu ihr: »So weine doch nicht!« Er trat an die Bahre heran und berührte sie, da blieben die, die sie trugen, stehen. Er sprach: »Junger Mann, ich sage dir, *steh auf!« Da setzte sich der Tote auf und begann zu reden, und Jesus übergab ihn seiner Mutter.*

[24] Predigt gesendet am 9. Juni 2013

*Da wurden alle von *Ehrfurcht ergriffen und lobten *Gott und sagten: »Ein großer Prophet ist unter uns *aufgestanden.« Und: »Gott hat sich unserem *Volk rettend zugewandt.« Und auf diese Weise verbreitete sich das *Wort über ihn in Judäa, sowie im benachbarten Land.*
Lk 7, 11-17[25]

Jesus nimmt sie wahr, diese Frau, die ihren einzigen Sohn verloren hat. Und er weiss, was das bedeutet: eine einzige Katastrophe! Denn da ist nicht nur der Kummer dieser Mutter. Eine Frau ohne Ehemann und ohne Söhne, eine Existenz allein auf sich gestellt – das war zu der damaligen Zeit undenkbar! Einer Witwe war es nicht erlaubt, nach dem Tod ihres Mannes in die eigene Familie zurückzukehren. Sie gehörte dann ganz der Familie des verstorbenen Mannes. Eigene Rechte hatte sie nicht.

Die Not schreit zum Himmel

Eine Witwe, die auch noch ihren einzigen Sohn verloren hatte, das war in jener Zeit also der Inbegriff eines Menschen, der keine Zukunft und keine Hoffnung mehr vor sich hatte. Diese Frau hat nur noch den Tod vor Augen – ihren toten Sohn und den Tod ihres sozialen Lebens. Die Not dieser Witwe schreit zu Gott, nicht diejenige des Toten. Mit dieser Not hat Jesus Mitleid. Diese Not nimmt er wahr, in all ihren Erscheinungsformen.

Und was tut Jesus? Nicht er macht diesen jungen Mann wieder lebendig. Keine Zeichenhandlung, keine Berührung erweckt diesen Toten zu neuem Leben. Jesus lindert die Not nicht selber. Er hätte diese Frau ja auch z.B. materiell unterstützen können.

[25] alle Bibelzitate nach „Bibel in gerechter Sprache“, Gütersloher Verlagshaus, 2006

Vom Tod zurück ins Leben

Aber das macht er nicht. Er inszeniert sich nicht selber als Retter. Was er tut, ist vielmehr eine klare Ansage an den Sohn: Steh auf!

- Steh auf, lass deine Mutter nicht allein und im Elend zurück. Übernimm Verantwortung.
- Steh auf, nimm dein Leben selber in die Hand. Lass dich nicht hängen. Stehle dich nicht einfach davon. Du kannst deinem Leben nicht ausweichen. Lebe es! Steh endlich auf!

Eine Geschichte vom Wahr-nehmen: Jesus sieht nicht nur die Witwe in ihrem Kummer und in ihrer Not. Auch dieser junge Mann, vielleicht noch ein Jugendlicher, wird von Jesus wirklich erkannt und in seinem Innersten angesprochen. Das ist der Wendepunkt: *Da setzte sich der Tote auf und begann zu reden.*

Durch die klare Ansage „Steh auf" wendet sich das Blatt. Dadurch kehrt Jesus die Bewegung um – nämlich in eine Bewegung vom Tod zurück ins Leben. Für den Sohn. *Und Jesus übergab ihn seiner Mutter.* Auch für die Frau kehrt Jesus die Bewegung um – vom Tod zurück ins Leben.

Dem Leben eine neue Richtung geben

Darum geht es: Die Bewegung umzukehren. Dem Trauerzug eine andere Richtung zu geben. Denn das war ja der Anfang gewesen – Sie werden sich erinnern: Menschen sind zum Grab gegangen, aus der Stadt hinaus, eine Bewegung vom Leben zum Tod.

Aber da ist auch die andere Bewegung. Sie verläuft genau umgekehrt – von aussen auf die Stadt zu. Wir können das richtig vor uns sehen, wie sich diese beiden Menschengruppen aufeinander zubewegen. Jesus tritt dem Trauerzug entgegen. Er stellt sich ihm in den Weg. Schon allein damit stoppt Jesus diese Bewegung vom Leben zum Tod. Und das ist schon ganz viel. Selbst wenn sonst nichts anderes passieren würde in dieser Geschichte – es ist viel, wenn etwas Todbringendes wenigstens angehalten wird, wenn es eine Kraft gibt, die sich dem Tod entgegenstellt - in welcher Form, mit welchem Gesicht uns der Tod auch immer ansieht.

So beginnt Auferstehung. Alles, das Tod bringt, wird angehalten – das Todbringende in uns selber, das uns immer wieder niederdrückt und uns nicht wirklich leben lassen will, aber auch das Todbringende um uns herum. Wenn Menschen den Mut haben, sich gegen die Kräfte des Todes zu stellen – in der Politik, in der Wirtschaft, in den persönlichen Beziehungen, im Zusammenleben der Völker - immer dann wird die Bewegung vom Leben zum Tod gestoppt.

Rettung nicht nur für mich allein

Aber da ist die Geschichte ja noch nicht zu Ende. Viele Menschen, so wird erzählt, hatten den Trauerzug begleitet. Auch Jesus war mit seinen Jüngerinnen und Jüngern und einer grossen Volksmenge unterwegs. Diese ganze Szene hatte sich also vor grossem Publikum ereignet.

> *Da wurden alle von *Ehrfurcht ergriffen und lobten *Gott und sagten: »Ein großer Prophet ist unter uns *aufgestanden.« Und: »Gott hat sich unserem *Volk rettend zugewandt.« Und auf diese Weise verbreitete sich das *Wort über ihn in Judäa, sowie im benachbarten Land.*

Rettung und Wunder geschehen nicht klammheimlich und auch nicht nur individuell. Die Bewegung vom Tod zum Leben – sie geht alle etwas an. Das sollen viele erfahren. Das geht über das ganz Persönliche hinaus. Denn vom Tod zum Leben zu kommen: das ist konkret. Da geht es um mich ganz persönlich, aber nicht nur. Da geht es auch darum, das ich wahrnehme, wo in mir selber und um mich herum Todbringendes gestoppt werden muss. Das geht es um Aufstehen und Aufstand, und das nicht erst nach dem Tod und nicht nur an Ostern.

Diese Bewegung vom Tod zurück zum Leben wünsche ich Ihnen, liebe Hörer und Hörerinnen, und mir – an diesem Sonntag und jeden Tag.
Amen.

Und trotzdem!

Gedanken zu Lk 16, 19-31[26]

„Lieber Gott, mach mich fromm, dass ich in den Himmel komm'".

Vielleicht kennen Sie dieses alte Kindergebet, liebe Zuhörerin, lieber Zuhörer. Mir kommt es nur schwer über die Lippen. Denn was in diesem kurzen, glatten Spruch über Gott und über den Menschen, über den Himmel und über die Erde gesagt wird, das entspricht so gar nicht dem, was mir Gott und Himmel, unsere Erde und die Menschen darauf bedeuten.

Wer kommt in den Himmel?

Und doch ist dieser Gebetsspruch vielen Menschen geläufig. Nur wegen des eingängigen Reimes? Oder vielleicht auch deshalb, weil irgendwo versteckt in jedem und jeder von uns der Wunsch hockt, einmal „in den Himmel" zu kommen?

Hier in diesem Gebet wird gesagt, dass in den Himmel kommt, wer fromm ist. Und diese Vorstellung war und ist sehr verbreitet. Übrigens nicht nur im Christentum. Besonders fromme Menschen werden einmal belohnt – nach dem Tod, im Himmel, im Jenseits, bei Gott.

Diese Vorstellung gab es auch im Judentum zur Zeit Jesu. Und da erzählt nun eines Tages der Wanderprediger Jesus von Nazaret eine Geschichte. Der Evangelist Lukas hat sie im 16. Kapitel seines Evangeliums aufgeschrieben:

> *In jener Zeit also erzählte Jesus ihnen folgende Geschichte: Es war einmal ein reicher Mann, der sich in Purpur und feines Leinen kleidete und Tag für Tag herrlich und in Freuden lebte. Vor der Tür des Reichen aber lag ein armer Mann namens Lazarus, dessen Leib voller*

[26] Predigt gesendet am 26. September 2004

Geschwüre war. Er hätte gern seinen Hunger mit dem gestillt, was vom Tisch des Reichen herunterfiel. Stattdessen kamen die Hunde und leckten an seinen Geschwüren.

Als nun der Arme starb, wurde er von den Engeln in Abrahams Schoß getragen. Auch der Reiche starb und wurde begraben. Er kam in die Unterwelt, wo er qualvolle Schmerzen litt. Von dort blickte er auf und sah von weitem Abraham, und Lazarus in seinem Schoss.

Da rief er: Vater Abraham, hab Erbarmen mit mir, und schick Lazarus zu mir; er soll wenigstens die Spitze seines Fingers ins Wasser tauchen und mir die Zunge kühlen, denn ich leide große Qual in diesem Feuer. Abraham erwiderte: Mein Kind, denk daran, dass du schon zu Lebzeiten deinen Anteil am Guten erhalten hast, Lazarus aber nur Schlechtes. Jetzt wird er dafür getröstet, du aber musst leiden. Lk 16, 19-25

Nicht die Frömmigkeit ist also entscheidend, sondern das soziale Verhalten. Ob der Reiche oder der Arme besonders gottgefällig gelebt haben, wird gar nicht erwähnt. Einzig ihre wirtschaftlichen Verhältnisse sind von Interesse, wie sie damit umgegangen sind, was sie überhaupt wahrgenommen haben in ihrem Leben. Das allerdings ist entscheidend.

Welcher Gott?

Und trotzdem ist mir die „Moral von der Geschicht'" zu simpel. Natürlich stimme ich gerne zu, dass sich Frömmigkeit im Verhalten gegenüber dem Nächsten beweisen muss. Und die Nächsten können ja manchmal wirklich sehr nah sein.

Aber dieses einfache Schema von den Guten, die von Gott belohnt, und den Bösen, die durch ihn bestraft werden, später einmal - das ist nicht mein Bild von Gott. Wo ist da die Botschaft geblieben von einem Gott, der die

Menschen liebt, der grosszügig ist, der sich einmischt ins Leben, und zwar in dieses Leben, heute und hier?

Von einem Gott, der einfach nach dem Tod die Plätze verteilt, von einem solchen Gott kann ich nicht leben.

Ich glaube auch, dass ein solches Gottesbild manchen Menschen jede Beziehung zum Göttlichen vergiftet hat. Wenn alles nicht zählt, was wir *hier* erleben und erleiden, wenn unser Bemühen, unser Scheitern und unser Glück nichts ist, wenn dieses ganze schöne und so schwierige Leben einen Wert nur insofern hat, als wir uns damit den Himmel verdienen können – nein, dann ist dieser Gott nicht zumutbar.

Risikowarnung aus dem Jenseits?

Doch ist die Geschichte im Evangelium noch nicht zu Ende:

> Der Reiche, so wird erzählt, bleibt nicht untätig. Er hat nämlich noch fünf Brüder. Und jetzt bittet er Abraham darum, Lazarus zu seinen Brüdern zu schicken und ihnen sozusagen eine Warnung zu senden. Passt auf! - soll er ihnen ausrichten. Kümmert euch ja bloss um die armen Lazarusse vor eurer Tür. Sonst geht es euch wie eurem verstorbenen Bruder, der jetzt in der Hölle schmort. Begeht bloss nicht den gleichen Fehler wie er. (nach Lk 16, 27f)

Der Reiche tritt in Verhandlungen, will noch etwas herausschlagen – wenn schon nicht für sich selber, so wenigstens für seine Brüder. Risikowarnung direkt aus dem Jenseits. Im Evangelium geht die Geschichte *so* weiter:

> Abraham lässt sich nicht auf diesen Deal ein. Er verweist den reichen Prasser auf Mose und die Propheten – also auf die jüdische Bibel, auf das, was die Menschen kannten, was ihnen ganz und gar vertraut war und zu ihrem jüdischen Alltag gehörte.

> Doch der Reiche kennt seinesgleichen: Nein, nein, so lautet seine Antwort, erst wenn jemand von den Toten kommt, ändern sie sich. Da braucht es schon etwas, das die Brüder wirklich nicht übersehen und übergehen können. Etwas Unumstössliches, etwas geradezu Übernatürliches. So ein paar mosaische Gesetze – bitte, was ist das schon? Das steht in jeder Bibel! (nach Lk 16, 29f)

Der Reiche, der da in der Hölle sitzt, verlangt einen quasi übernatürlichen Beweis, damit sich etwas ändert. Nur dann, sagt er, werden die Brüder zur Besinnung und zu einer Änderung ihres Verhaltens kommen.

Damit entlarvt er sich. Es greift zu einer Ausrede: so, als habe er gar nicht gewusst, dass sein Verhalten den Armen gegenüber Konsequenzen haben könnte; so, als sei ihm das völlig neu, dass der Arme vor seiner Tür etwas mit ihm zu tun hat.

Und dann, am Schluss, die Pointe - messerscharf:

> *Darauf sagte Abraham: Wenn sie auf Mose und die Propheten nicht hören, werden sie sich auch nicht überzeugen lassen, wenn einer von den Toten aufersteht.* Lk 16, 31

Schärfer kann eine Kritik der Reichen nicht ausfallen.

Alles vergeblich?

Eine atemberaubende Erzählung! Das beschreibt äusserst treffsicher unsere Realität. Auch wir haben „Mose und die Propheten“. Wir kennen das Evangelium mit diesen wunderbaren Geschichten, die uns zum Handeln verlocken wollen. Wir haben wissenschaftliche Analysen und Prognosen. Die Nachrichten aus jedem Winkel unserer Erde werden uns rund um die Uhr ins Haus geliefert.

Wir kennen das alles - und nehmen dennoch nicht wahr. Unser Lebensstil vergiftet und zerstört die natürlichen Grundlagen der Erde. Wir erleben die Klimaveränderung schon jetzt. Unser Lebensstil beutet die Armen aus. Sie werden immer ärmer, die Reichen immer reicher – vor unserer Tür und weltweit. Was muss also noch alles passieren, wie schlimm muss es denn noch werden, dass *wir* uns bewegen lassen und unser Handeln verändern?

> *Wenn sie auf Mose und die Propheten nicht hören, werden sie sich auch nicht überzeugen lassen, wenn einer von den Toten aufersteht.*

Das sind wir. Da gibt es nichts, das schöngeredet werden kann.

Im Evangelium ist die Geschichte hier zu Ende. Ein ziemlich mutloses Ende. Ist also alles vergeblich, weil wir uns ja doch nicht überzeugen lassen?

Und trotzdem: Wir haben „Mose und die Propheten", das Evangelium mit diesen wunderbaren Geschichten, die uns zum Handeln verlocken wollen. Wir haben wissenschaftliche Analysen und Prognosen, Nachrichten aus jedem Winkel unserer Erde. *Dieses* Leben gilt es wahrzunehmen. Dieses so schwierige und doch so schöne Leben wahrnehmen, so wie es ist, und es wirklich ernstnehmen. *Mit* dem armen Lazarus – ob er nun vor meiner Tür sitzt oder mich aus den Fernsehnachrichten anschaut. Nicht, um so in den Himmel zu kommen, aber vielleicht weil ich ahne, dass ich nur so ganz und wirklich im Leben ankomme.

Das braucht ziemlich viel Mut! Deshalb lese ich Ihnen zum Schluss ein Gedicht von Marie-Luise Kaschnitz, das genau diesen Titel trägt:

Ziemlich viel Mut[27]

Ich finde doch, dass ziemlich viel Mut in der Welt ist,
Wenn man die Tage bedenkt, an denen es gar nicht recht hell wird.
Und die Jahre ganz ohne Hoffnung. Wenn man bedenkt,
Dass es gar niemand gibt, der nicht seine Sorgen hätte,
Zumindest diese: Kind, was wird dir geschehen?
Und wir wissen doch alle, wie sehr wir misstrauen
Dem Dach über unserem Kopf und der Erde zu unseren Füssen,
Und dass keiner von uns mehr sagen mag : Rose, Schwester
Und Bruder Tod und Heimat Ewigkeit.

Und doch hab ich heute gesehen, wie einer die Buche
Pflanzte, den dürren Stecken, und sah zu ihr auf,
Als wölbe sich schon über seinem Haupte die Krone.
Den ganzen Tag hab ich Lastwagen fahren sehen
Voll Bretter und Schwellen, voll Balken und roter Ziegel.
Ich sah mein eigenes Gesicht im Spiegel.
Als ich fortging, dir zu begegnen.
Wie war es voll Freude.

Marie-Luise Kaschnitz

---

[27] in: Marie Luise Kaschnitz, Ziemlich viel Mut in der Welt, Gedichte und Geschichten, Insel Verlag, Frankfurt a. M. 2002

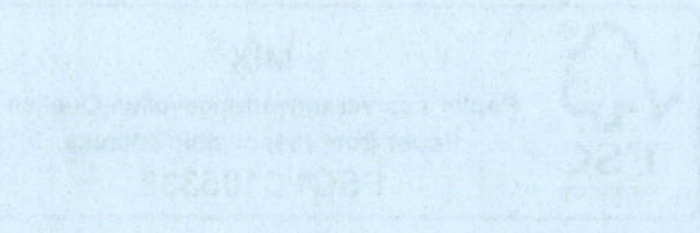

Printed by Books on Demand GmbH, Norderstedt / Germany